主办／
中国社会科学院法学研究所
中国社会科学院国家法治指数研究中心

实证法学研究（第一期）

CHINESE JOURNAL OF EMPIRICAL LEGAL STUDIES Vol.1

主编／田　禾
　　　吕艳滨

社会科学文献出版社
SOCIAL SCIENCES ACADEMIC PRESS (CHINA)

《实证法学研究》编委会

编委会主任：陈 甦

编委会成员：（以姓氏笔画为序）

左卫民 田 禾 吕艳滨 朱景文

刘 莘 李 林 吴大华 陈柳裕

陈 甦 莫纪宏

主　　编：田 禾 吕艳滨

本刊编辑组：（以姓氏笔画为序）

王小梅 王祎茗 田纯才 刘雁鹏

胡昌明 栗燕杰 徐 斌

目 录

【题词】

【发刊词】

实证法学：一种科研方法、一种治学态度 …………… 陈 甦 / 4

共建中国的实证法学 ………………………………… 李 林 / 7

【争鸣】

论我国民事审执分离体制改革的模式选择 …………… 谭秋桂 / 16

论审判权和执行权相分离的体制改革路径选择 ……… 徐 卉 / 40

【论文】

从法治评估到评估法学：以地方法治指数为例 ……… 滕宏庆 / 67

论政府信息公开争议的焦点与对策

——以《人民司法》刊载案例为对象 …………… 王 军 / 91

构建透明高效市场综合监管体系的实践与展望

——上海市市场综合监管调研考察报告 ………… 栗燕杰 / 117

司法责任制下新型审判团队构建研究 ………………… 魏新璋 / 139

实证法学研究成果的社会传播 ………………………… 万学忠 / 159

关于执行工作考核指标的思考
　　——以实际执结率为分析对象 ·················· 朱　嵘 / 169
依法治国与法治评估理论研讨会综述（2016）······ 刘雁鹏 / 184

【指标】

人民法院基本解决执行难第三方评估指标体系及说明
　　······ 中国社会科学院法学研究所法治指数创新工程项目组 / 193

【附录】

稿件规范与注释体例 ··· / 223
《实证法学研究》约稿函 ··· / 226

【编者手记】

CONTENTS

【Inscription】

【Introducing】

Positive Jurisprudence as a Method of Scientific Research and an
    Attitude Towards Academic Pursuit   *Chen Su* / 4
Construction of China's Empirical Law   *Li Lin* / 7

【Discussion】

Analysis On the Mode Choice of China's Civil Separation of Trial
    and Practice System Reform   *Tan Qiugui* / 16
Approach to the System Reform of Separation of Adjudication Power
    and Execution Power   *Xu Hui* / 40

【Paper】

From the Assessment of Rule of Law to Measurable Jurisprudence:
    in the Case of Local Rule of Law Index   *Teng Hongqing* / 67
Analysis on the Focus and Countermeasures of the Controversy of
    Government Information Disclosure: Taking the Published Case
    of *People's Justice* of the Object of Analysis   *Wang Jun* / 91

The Practice and Prospect of Building a Transparent and Efficient
   Market Comprehensive Supervision System: Investigation Report
   on Comprehensive Supervision of Shanghai Market *Li Yanjie* / 117
Research on the Construction of New Trial Team under Judicial
   Responsibility System *Wei Xinzhang* / 139
The Social Communication of the Achievements of Empirical Law
Wan Xuezhong / 159
Reflections on the Execution of Working Evaluation Index: Taking
   the Actual Rate of Practice as the Object of Analysis
Zhu Rong / 169
A Theory Summary on Governing the Country by Law and
   Evaluating the Rule of Law *Liu Yanpeng* / 184

【Index】

The Third Party Evaluation Index System of the People's Court Basic
   Solution to Difficulties of Execution and Explanation
*The Rule of Law
Index Innovation Project Group of Law Research Institute of CASS* / 193

【Appendix】

Stylistic Rules and Layout of Annotation　　　　　　　　　／ 223
Calling for Submissions　　　　　　　　　　　　　　　　／ 226

【Editor's Note】

【题词】

用事实说话，用数据说话，开创法学研究新领域。

朱苏力
2017.5.22

贺《实证法学研究》创刊

实证以察国情民意
法学当著事理人心

张广兴 丁酉四月

运用实证方法
繁荣法学研究

蒋惠岭
2017.5.25

谎言有时是一种优雅的批判。

白建军
2017.5.23

祝《实证法学》创刊

尊重事实
探求真理
追寻正义
捍卫法治

陈光中
二〇一七年六月十二日

[题词]

实证研究代表了法学研究的先进方向
刘宪 2017.6.12

集实证法学之萃
显社科研究之健
陈甦
2017年5月22日

弘扬实证法学，
反映法治国情。
吴长绿
2017.5.23.

【发刊词】

实证法学：一种科研方法、一种治学态度

陈 甦

实证研究作为一种分析客观事物的方法，素为法学研究者所推崇，因为面对庞大而又细微的法律世界，实证研究为之提供了定性与定量相结合而更为精准的观察视域、分析方法、描述方式与研究范式。近年来，实证研究在法学界日渐风起，随着人们对法治运行实态愈加关切，实证研究方法愈加改进，大数据分析工具运用愈加熟练，实证研究面对的法治课题范围愈加广泛，作为解决法治问题分析方法的效果愈加显现，具有理论价值和实践意义的成果愈加丰富，专长于实证法学研究的团队也愈加壮大。在此情势下，《实证法学研究》的出版可谓顺势而为，正当其时。

作为《实证法学研究》出版的规划者，中国社会科学院法学研究所法治国情调研室本身就是实证法学研究的倡导者和力行者。十几年来，这个科研团队以其联系实际的科研精神、科学严谨的研究方法、勤勉合作的团队作风、开拓创新的学术勇气、求真唯实的学者担当，着眼并投身中国法治实践最前沿，定位并拓展哲学社会科学发展最前沿，创作出大量具有法学理论创新、科研方法创新和学

术品牌效应的实证研究成果。诸如，率先提出"中国法治指数"概念，先后研发了中国政府透明度指数、中国司法透明度指数、中国检务透明度指数、浙江阳光司法指数、基本解决执行难评估、中国法院信息化评估等系列法治指数成果，并通过"法治蓝皮书"、国家智库报告等载体公开发布，成为中国法治建设进程及其成就的客观记录、精准描述和生动反映。这些实证法学研究成果的形成与发布，更令人信服地向学术界、实务界和全社会展示了中国法治建设的系统全貌、典型样本和重点实态，以增强人们对法治效果的感悟和法治进步的信心；更便于法治建设决策者掌握法律及政策的实施效果，以利于及时准确地调整实施中的法律和政策或者更有针对性地制定新的法律和政策。这些实证法学研究成果不仅以其真实的资料、大胆的创新、丰厚的内容和卓远的学术品牌效应，在法学界拥有广泛的学术影响力，也以敏锐的问题意识、坦率的观点表达、新颖的材料发掘和快捷的传播方式，在全国范围拥有广泛的社会影响力，以至于每年"法治蓝皮书"的发布都成为一种新闻期待。尤其是"法治蓝皮书"在整个蓝皮书系列中处于翘楚地位，连续六年荣获一等奖且排名前列，稳定的质量积累和持续的影响力叠加使其成为当前实证法学研究的代表性成果。

实证研究不仅是一种科研方法，更是一种治学态度，这在法学研究领域尤其如此。求真务实、脚踏实地、回应现实、联系实际、深入实践等诸种以实为本的学术品格，是实证研究得以有效开展的必备要素。就法学研究所法治国情调研室而言，开展实证法学研究充分彰显了以实为本的学术品格和科研作风。自该研究室成立以来，坚持理论联系实际，坚持扎根中国法治实践开展实证法学研究，坚持根据中国法治建设需要发掘科研选题。这个团队每年坚持开展法治国情调研数百人次，与调研地区党委、政府、人大机关、司法机关就广泛的法治课题，诸如法治地方建设、地方人大建设、政府服务与公开、社会管理法治化、司法改革评估体系、法院信息化等，开展了形式多样的合作研究，结合国家法治建设总体要求与当地法治建设的迫切需求，系统总结当地经验并深入分析当地问题，对调研领域或调研地区的法治探索及其效果予以归纳、提炼、升华，使之具有可持续性和可推广性，既为该领域或该地区经济社会发展和法治建设积极建言献策，也为全国层面的法治体系完善提供实证样本。在长期开展的实证法学研究中，法学研究所法治国情调研室的团队素质和科研作风也有了很大的提升，其科研人员的科研能力和学术品格也得到了锤炼。时至今日，法学研究所法治国情调研室已经成为学界广泛认可、社会普遍称赞的学术精英团队，在诸多课题开发和项目运作中领一时风气之先。

尽管实证法学研究已经取得了引人注目的成就，但如何继续完善其理论体系和提升其阐释能力，仍是实证法学研究急需解决的问题。《实证法学研究》的创刊旨在提供一个关注学术发展、贴近学者群体、交流学问心得的载体，以便有志于实证法学研究的学者专家，能够在此展现实证法学研究的最新成果，汇聚实证法学研究过程中产生的真知灼见，以不断提升实证法学研究的理论阐释力和学术引领力。因此，希望大家为《实证法学研究》踊跃供稿，为《实证法学研究》编辑方针积极提出建议，使其以不断提升的学术质量而引起学界重视，以对作者读者的热心关怀而倍受学人珍惜。

共建中国的实证法学

李 林

　　立足当代中国实际，深入了解法治国情，具体掌握法治国情，科学研究国情法治，既是全面依法治国、建设法治中国的迫切需要，也是中国法学研究范式转型升级、构建中国特色法学体系的内在要求。如果说，改革开放初期，中国法治建设急需提出和确立一系列法治理念、法学概念、法治原则、法律范畴等，从而为新时期法治建设提供最基本的理论支撑；这时撇开"全盘苏化"模式重新起步的中国法学，主要通过打开国门积极向西方学习借鉴先进有益的法学理论和法学方法，构建中国法学的理论体系和教材体系，实现中国法学现代化进程的"后发追赶"。如果说，随着中国建立社会主义市场经济法律体系、确立依法治国基本方略、加入世界贸易组织、实现人权入宪等重大法治举措的实施，推动了中国法学在进一步向世界法治文明开放学习、借鉴吸收的同时，也更加关注中国自己的"法治本土资源"问题，关注中国法治建设实践进程中每天都在产生和出现的无数新情况新问题，关注这些中国法治问题背后的法治和法学理论问题。进入21世纪特别是党的十八大以来，随着全面依法治国、建设法治中国顶层设计的不断完善、思路的不断清晰、任务的不断明确、进程的不断加速、力度的不断加大，中国法治和法学面临更多更复杂亟待解决和回应的理论问题。对这些问题的解释和解决，在苏联和其他社会主义国家的法学理论可以直接借鉴采用的范式，在西方法治模式和法学理论中找不到现成的答案，在我国传统法学理论中也常常是空白和缺项。在中国法学面临又一个时代挑战与转型的历史关头，何去何从，应当怎么办？我们不仅要坚持法学的继承性和民族性，善于融通古今中外各种资源，把握好马克思主义的资源、中华优秀传统文化的资源和国外法学资源，坚持古为今用、洋为中用，不断推进法学的知识创新、理论创新、方法创新，而且要坚持法治实践第一的观点，推进法学理论与法治实践更加紧密地结合，向中国法治实践的探索创新找解药，向亿万人民参与法治的实践智慧找秘方，向全面依法治国的经验教训找规律，向中国法治国情的实证研究找答案。中国实证法学就是在这种时代背景下应运而生的。

实证法学是基于中国社会的法治实践，采取对立法、执法、司法、守法等法治研究对象大量的观察、实验、调查和统计等方法，科学获取第一手客观真实的材料，从个别到一般、从少数到普遍，总结归纳出法治和法律现象的本质属性和发展规律，发现可能存在的风险、问题和不足，作出前瞻性的分析预测，提出现实性的对策建议。就学科而言，实证法学应当是法学中对法治和法律现象进行量化描述、实证分析和具体解释的一个分支，它既是法学研究方法的重要组成部分，也是理论法学不可或缺的一个方面，还是跨学科的一个新兴领域。

实证法学作为一种科学的研究方法，要求秉持科学精神、科学态度，采用科学方法、科学手段，遵循科学程序、科学规则等，科学客观地对法治和法律现象进行观察、实验、调查和统计，获取科学的样本和数据（素材）进行分析研究，揭示相对客观真实的现象及其规律特征，提出对策性意见和建议。在方法论上，实证法学强调以下方面。第一，实证方法必须科学。无论采用观察、实验、调查、个案研究、间接研究、统计分析等哪一种或者哪几种方法，都必须符合科学规范的相关要求。所以说，没有科学的实证方法，就没有实证法学。第二，数据和样本要真实量化。客观真实，是实证法学研究的基本前提；只有获取客观真实的数据或者样本，才能进行实证研究，作出客观的分析，得出科学合理的结论。所以说，没有数据（样本），就没有实证法学；没有客观真实的数据（样本），就没有科学的实证法学研究。研究对象的真实性与足够的量化数据（样本），是实证法学研究取得成功的关键。第三，立场中立。实证法学研究者要客观回答的是研究对象"是什么"的问题，而不是回答研究对象"应当是什么"的问题，因此研究者必须秉持客观中立的立场，既不得先入为主、按照自己想要的结论去进行所谓的"实证研究"，也不得主观臆断、按照自己的喜好恶恨去获取和分析研究对象。实证法学的研究者应当像动物世界的摄影师，在任何时候，摄影师的立场和职责是客观记录动物的活动等状况，即使动物面临生命危险而摄影师的举手之劳就可以轻易化解危机，摄影师也必须保持克制而不得采取任何举措进行干预。立场中立，既是实证法学研究的基本方法内涵，也是实证法学研究者的基本职业伦理。第四，局限和不足。实证法学采用的方法基本上属于"归纳推理"，而任何归纳推理只要没有穷尽研究对象的数量，没有达到百分之百，就可能有例外，其研究结果就不能绝对化；任何实证研究方法，无论是观察、实验、调查还是个案研究、间接研究、统计分析等，不仅本身各有其局限，而且在价值判断、规范分析等方面也存在短板，因此，任何实证法学研究，都应当必要、主动而合理地指出该研究存在的局限和不足。承认这种局限和不足的存在，丝毫不会影响实证法学研究的成果，反而会增强它的科学性和可信度。

实证法学是中国法治实践和法学理论发展的产物，还在成长完善过程中。目前，它既不同于西方学者如杰里米·边沁（Jeremy Bentham，1748~1832）、约翰·奥斯丁（John Austin，1790~1895）、汉斯·凯尔森（Hans Kelsen，1881~1973）等的法律实证主义法学，因为中国的实证法学认同法律得到价值和法治的社会文化存在，不是视公平正义理性而不见的"纯粹法学"；它也不同于爱米尔·涂尔干（Émile Durkheim，1858~1917）、欧根·埃利希（Eugen Ehrlich，1862~1922）、马克斯·韦伯（Max Weber，1864~1920）、奥利弗·温德尔·霍姆斯（Oliver Wendell Holmes，1841~1935）、罗斯科·庞德（Roscoe Pound，1870~1964）等主张的法社会学，不同于亚伦·戴雷科特（Aaron Director，1901~2004）、罗纳德·科斯（Ronald H. Coase，1910~2013）以及理查德·A. 波斯纳（Richard Allen Posner，1939年至今）等为代表的法经济学，因为中国的实证法学主要是从法学学科和法治视角展开实证研究，社会学、经济学、政治学、哲学等学科的原理、原则、方法等是为实证法学研究服务的，而不是相反。当然，中国的实证法学非但不排斥和否定法律实证主义法学、法社会学、法经济学的重要价值，而且还强调要大胆学习、借鉴、吸收甚至采用上述法学学派中科学合理、行之有效的原理原则和方式方法。

法治的生命在于实施，法学的生命需要实证。实证法学不仅要证真，证明法学和法治一系列命题、观点、判断、结论的真实性及其中国特色、中国风格、中国气派，也要证伪，证明某些既有的结论、观点、认知的谬误、错误和虚假。即使实证法学研究的结论暂时将不能证真，也不能证伪，这也没有关系。实证法学研究虽然没有证明真理，也没有证明谬误，但它的研究很可能是朝向揭开真理面纱每个阶段必经的研究，也很可能是揭露错误所在某个环节不能逾越的步骤。只要是科学方法、正确方向、真实数据、求真务实的研究，暂时没有结论就是一种结论，暂时没有成功达成目标就是一种成功。中国特色法学的生命离不开实证的支持和检验，尤其是长期以来使用的价值研究、概念研究、规范研究、制度研究，它们的深入和展开，它们的机制和动态，它们的效率和功能……都需要在实证研究中得到验证、得到深化、得到推进。实证法学研究犹如人体的毛细血管，看似微小却无处不在，看似静态却充满活力，看似平凡却决定着伟大。

实证强则法学强，法学强则法治强。实证法学是构建中国特色法学体系的重要组成部分。而构建中国的实证法学，必须坚持其实践性特征。法学是来自实践、服务实践并在实践中不断发展的科学理论，本质上属于实践应用之学、经世济民之学。实践性是中国特色法学体系必须具备的重要属性，也是中国实证法学的重要特征。实践是检验真理的唯一标准，也是检验和评价中国实证法学的唯一标准。中国法治和法学的发展历程，首先不是来自一整套先定的法学或法治理论，而是来自中国共产党领导人民进行革命、建设和改革开放实践的需要，来自中国共产党治国理政的成功经验和深刻教训。坚持实证法学的实践性，要求宪法和法律必须得到尊重和实施，而不是"闲法"和摆设。法律的生命在于实施。如果有了法律而不实施，或者实施不力，搞得有法不依、执法不严、违法不究，那制定再多法律也无济于事。构建中国实证法学，不仅要深入研究法治和法律的基本概念、原则、范畴、价值、方法、理念、功能、法律关系、法律行为等法学基本问题，构建宪法学、行政法学、经济法学、民法学、社会法学、刑法学、诉讼法学、国际法学等科学体系，而且要深入研究如何把"纸面上的法""条文中的法"切实变为"生活中的法""行动中的法"等法学法治问题。中国实证法学的根本动力来自人民创造幸福生活的伟大法治实践，来自我国经济政治文化社会发展对法治的内在需求，中国实证法学必须服务于这个伟大实践并在实践中得到检验和发展。

　　构建中国的实证法学，必须坚持创新性。纵观人类发展历史，创新始终是一个国家、一个民族发展的重要力量，也始终是推动人类社会进步的重要力量。创新是一个民族进步的灵魂，是一个国家兴旺发达的不竭源泉，也是中华民族最鲜明的民族禀赋。实证法学的生命力在于创新。坚持实证法学的创新性，一要超越"言必称西方"的西方法治中心主义，学习借鉴人类法治文明的精髓和要旨，走中国特色社会主义法治发展道路；二要超越主导法学话语体系的"西方法学"理论，汲取中华传统法律文化精华，借鉴世界法律科学的有益成果，走出一条以中（中国法治国情）为本、中西法学相结合的实证法学发展之路，坚持中国特色社会主义法治理论，构建中国特色实证法学体系；三要超越实证法学的形式主义和工具主义，坚持形式法治与实质法治相统一，价值法学与规范法学相结合，实现价值、规范、事实的有机统一；四要超越实证法学的万能主义，实证法学要有所为有所不为，而不能包打天下。

　　创新实证法学，应当特别关注大数据和互联网带来的"实证研究革命"。我们正处在大数据时代，以移动互联网、大数据、云计算和人工智能为代表的现代科技正在改变我们的生产生活方式，人类生活所经历的一切都在转变。以大数据为代表的科技革命，不仅已改变我们所做的事情，而且将改变我们自己，改变我们认识世界、改造世界的方法。大数据开发了人类的"第三只眼"，通过对海量数据的分析、处理、挖掘，我们可以深入洞察充满未知的世界。传统的实证研究方法固然非常重要，而且必须坚持，但是大数据、"互联网+"使我们获取海量数据信息不仅成为可能，而且更加便利、更加快捷，我们对数据的处理、分析和应用将带来革命性的变化。实证法学研究创新，不仅要重视观点思想的创新，更要重视研究方法和技术手段的创新，用新方法、新技术、新手段推进实证法学研究的"革命"，使过去实证法学研究在样本海量收集、迅捷处理以及精细化、精准度等方面的"不可能"，成为今天大数据时代的可能，从而实现实证法学研究的"弯道超车"。

构建中国实证法学，要与法学各个学科、各个学派进行合作。实证法学作为一种广泛采用的方法，可以用于法学的各个二级学科、三级学科和相关交叉学科。实证法学与法学各学科的关系，不是跑马圈地、画地为牢、各自为政的关系，而是方法与对象、规范与事实、价值与实践等的关系，是相辅相成、相得益彰的关系。因此，实证法学要主动服务和深入法学各学科的研究，用大量客观真实的数据和事实深化法学各学科的研究；法学各学科要认可实证法学的崛起，承认实证法学研究方法在当下法学研究中不可或缺的重要作用，主动运用实证法学方法，积极采纳实证法学的研究成果，以作为深化本学科研究的基础性实证性支撑。中国法学各学科之间，既是比较竞争的关系，更是合作共赢的关系；文人相轻，相互排斥，彼此否定，各不买账，只会导致一盘散沙，没有赢家。

实证法学以把实证研究方法广泛应用于法治的各个环节、各个领域、各个方面见长，通过更加科学细致的实证研究，正在和必将发现许多前所未有的新现象新问题，得出许多新认识新判断，产生许多新观点新建议。这是实证法学的优长，应当发扬光大。但是，实证法学也容易有自己的短板，那就是在理论联系实际过程中的法理分析和学理总结，如何将实证研究看到的树叶与树木联系起来、把树木与森林联系起来、把森林与生态文明联系起来、把生态文明与人类理性文明联系起来，从而得出普遍的理论命题和学术判断；实证法学如何把方法的长处与理论的短板结合起来，把实证的数据梳理与价值研判结合起来，把经验的事实与理性的规律结合起来，扬长避短，取长补短，实现方法与学理的"双轮驱动"、相辅相成。实证法学作为一个法学的分支学科，要得到自己生存发展的一席之地（即根据地），就应当不断开疆拓土、转型升级，在现在2.0版的基础上尽快升级到3.0版，从理论上学术上不断提升实证法学的品位和高度，从话语体系、学术体系、学科体系、教材体系上构建实证法学自己的理论范式和方法领地。

我国以书代刊的第一本《实证法学研究》终于面世了！它是中国法学界的新阵地，是中国社会科学院法学研究所的新领域，更是中国社会科学院法学研究所法治国情调研室十多年来推进实证法学研究的新总结和新成就。虽然第一本《实证法学研究》是一个新生事物，是法学刊物中的新兵后辈；虽然第一本《实证法学研究》在许多方面还不成熟、不完善、不周全，难让大佬泰斗们满意；虽然第一本《实证法学研究》收录的文章还有许多可以横挑鼻子竖挑眼的地方，甚至有人会嗤之以鼻，还有许多个"虽然"……但是，但它毕竟勇敢地迈出了生命的第一步，宣告了它的问世和存在，表明了它的立场和宗旨，献出了它载入史册的第一批论文……它用实证的方法证明了实证法学的诞生，用实证的论文宣告了实证法学的存在。

我们期待并确信《实证法学研究》将不辱使命，越办越好，早日"脱书变刊"。

李　林　於北京沙滩北街

2017 年 5 月 31 日

【争鸣】

编者按： 权力运行得好坏，很大程度上取决于是否有一套科学合理的体制。执行体制作为法治体系的组成部分，其核心问题是执行权的性质与归属。十八届四中全会提出，优化司法职权配置，推动实行审判权和执行权相分离的体制改革试点工作。执行权究竟属于行政权还是司法权以及在国家权力体系中如何配置一直都是理论界、实务界争论的焦点。本期《争鸣》栏目将直击执行体制改革的核心问题，相信会引领读者全面认识和深刻思考这一问题。

论我国民事审执分离体制改革的模式选择

谭秋桂[*]

摘　要： 我国民事审执分离体制改革的目标和任务是解决"执行难"、治理"执行乱"，即提高民事执行的效率、降低民事执行成本、防止民事执行错误。民事执行权与审判权的性质差异是我国民事审执分离体制改革的基础，

---

[*] 谭秋桂，中国政法大学诉讼法学研究院教授。

民事审执分离体制改革是在"审执分立"基础上对审执关系的重新认识和最新发展。民事审执分离体制改革的法院外分模式必然降低执行效率、增大执行成本、难以预防执行错误，反而可能引起制度冲突、造成执行秩序混乱、加重行政权过大的问题。法院内分模式既有利于提高民事执行效率，又有利于降低民事执行成本和预防民事执行错误，树立民事执行权威。法院内分模式应当成为我国民事审执分离体制改革的目标与方向。

关键词： 审执分离　模式选择　法院外分　法院内分

审判和执行是民事纠纷解决机制体系的两个重要环节。我国民事诉讼理论、立法和实践历来十分重视审执关系的研究和相关问题的解决，形成了"审执分立"的基本观念和制度体系。中国共产党第十八届中央委员会第四次全体会议通过的《中共中央关于全面推进依法治国若干重大问题的决定》（以下简称《决定》）提出，"完善司法体制，推动实行审判权和执行权相分离的体制改革试点"，审判权和执行权的关系（以下简称"审执关系"）上升为司法体制层面的问题，并形成"审判权和执行权相分离"（以下简称"审执分离"）的新概念。审执关系包括民事、刑事和行政诉讼三个方面，不同方面的审执关系有着不同的规律和内容，相关改革必须分别处理。党的十八届四中全会召开以后，在民事领域如何根据《决定》的安排实行审执分离体制改革的问题，引起了理论研究和实践部门的激烈争议。

在民事领域实行审执分离体制改革，必须首先从理论上解释为什么要实行审执分离、审执分离的基础是什么、审执如何分离才是科学的分离等基本问题。只有准确地回答了这些问题，才有可能设计出科学的民事审执分离改革方案，最终实现改革的目的。否则就可能设计出"看起来合理、运行起来不畅"的制度，最终无法实现改革的目的甚至与改革目的背道而驰。然而，目前人们对这些基本理论问题的认识还不一致，甚至有些认识还存在明显的偏差。所以对这些基本问题进行讨论并予以澄清，仍是十分必要的。

一　民事审执分离体制改革的目标和任务

目标和任务决定改革的基本方向和改革方案的具体内容。推动实行民事审执分离体制改革，必须首先明确改革的目标和任务，也就是解决为什么而改革的问题。关于这一问题，作为纲领性文件的《决定》并没有作出具体说明，《决定》通过以后也没有统一而权威的解释。因此，研究和讨论民事审执分离体制改革，必须首先解读《决定》，在把握其精神实质的基础上结合司法实践的具体情况，明确改革的目标和任务。只有准确把握改革的目标和任务，才能确保民事审执分离体制改革不会离开决策者的改革意图及其预设的改革目标，才能确保具体的改革方案和内容不会偏离改革的初衷。

关于推动实行审执分离体制改革的表述，出现在《决定》第四部分第（二）项之中，即"保证公正司法、提高司法公信力"部分之中的"优化司法职权配置"一项。分析《决定》的文本逻辑可以看出，实行审判权和执行权相分离的体制改革是"优化司法职权配置"的一项内容，最终目的是保证公正司法、提高司法公信力，"努力让人民群众在每一个司法案件中感受到公平正义"。也就是说，决策者推动实行审执分离体制改革，直接动因是优化司法职权配置，最终目的是保证司法公正、提高司法公信力。因此，实行审执分离体制改革，是优化司法职权配置的一项内容，其最终目标是保证司法公正、提高司法公信力。

如前所述，审执关系分别存在于民事、刑事和行政诉讼三个领域，不同领域的审执关系有着不同的规律，不同领域的审判权和执行权的配置方式应当各不相同，其对司法公正和司法公信力的影响方式和影响结果也各不相同。因此，在民事领域实行审判权和执行权（这里的"执行权"是专指民事执行权，也称强制执行权。为表达方便，下文一般简称执行权，但有时为了表达准确又全称民事执行权）相分离的体制改革试点，其侧重点和具体方式也应当与刑事、行政诉讼领域的审执分离体制改革有所不同。

在民事领域，从执行的角度看，不利于保证司法公正、不利于提高司法公信力的问题集中体现为"执行难"和"执行乱"。一方面，民事执行工作效率不高、手段不强、效果不好，困难重重；另一方面，民事执行工作规范性差，消极执行、选择性执行和胡乱执行问题严重，乱象繁生。而且"执行难"和"执行乱"问题在实践中相互交织，甚至彼此"推波助澜"，致使问题越来越复杂，越来越难以解决。因此，采取非常措施，彻底解决"执行难"、治理"执行乱"，是保证司法公正、提高司法公信力不可或缺的重要内容。换言之，在民事领域，从执行的角度看，保证司法公正、提高司法公信力，关键是解决"执行难"、治理"执行乱"。

笔者认为，"执行难""执行乱"还只是问题的表象，其实质是民事执行效益低下。这是因为，民事执行是实现生效法律文书确定内容的最后一道"工序"。只有高效地实现生效法律文书确定的内容，司法公正才能落实，司法公信力才能彰显。高效的民事执行主要体现为：单位时间内完成的民事执行工作量最大，生效法律文书确定的内容在最短的时间内得到执行；民事执行的直接经济成本最低，为实现生效法律文书确定的内容而耗费的人力、物力、财力等资源最少；民事执行过程中产生的错误最少，为更正错误而消耗的时间和经济成本最低。但是，目前在我国的实践中，民事执行的周期长，案件久拖不能执结，效率低下；为实现生效法律文书确定的内容耗费的直接成本高，投入大量的人力、物力和财力，执行效果并不理想；执行错误多，执行行为损害执行当事人、利害关系人、案外人合法权益的现象严重，不得不为纠正执行错误而投入大量的人力、物力和财力。这些问题集中起来，就是"执行难"和"执行乱"。由此可见，在民事领域，从执行的角度看，民事执行效益过低才是危害司法公正、损害司法公信力的根本原因。

民事执行效益与民事执行的职权配置存在密切的关系。职权配置不足或者配置过于分散必然导致民事执行缺乏必要的刚性，造成效率低、成本高；职权配置过于集中或者配置错位又必然因权力缺乏制约与监督而导致权力滥用，造成执行错误多、成本高。因此，要提高民事执行效益，就必须优化职权配置，尤其是要科学解决审执关系，否则就会形成"执行难"和"执行乱"问题。《决定》明确提出优化司法职权配置，健全审判权与执行权相互配合、相互制约的体制机制，从而保证司法公正、提高司法公信力，确实是抓住了问题的要害。

提高民事执行效益的基本方法是提高民事执行的效率、降低民事执行成本、防止民事执行错误。只要做到了上述三点，"执行难""执行乱"的问题就不复存在，司法公正和司法公信力就会大大增强。也就是说，从民事执行的角度看，提高民事执行效益，即提高民事执行效率、降低民事执行成本、防止民事执行错误，应当是推行审执分离体制改革的基本动机和目的。

二 民事审执分离体制改革的基础

既然决策者希望通过优化民事执行权的配置，实行审判权和执行权相分离的体制改革，解决"执行难"、治理"执行乱"，最终保证司法公正、提高司法公信力，那么，首先就要从理论上解决审判权和执行权是否可以分离的问题，并在确定两权可以分离的基础上制订审执分离的具体方案。

笔者认为，民事审判权和执行权是否可以分离的问题，涉及民事执行权与审判权的关系，其核心是民事执行权是否具有区别于审判权的独立个性。

在司法实践中，我国历来都认为民事执行权是司法权而不是行政权，但对于民事执行权与审判权的关系，尤其是在民事执行权是否具有不同于审判权的独立个性问题上，则极少给出明确意见，甚至经常是将执行权与审判权等同起来。例如，1951年3月3日最高人民法院《关于区乡政府有无强制执行权问题》（法编字第2490号复示华东分院）指出："因'执行'和'督促履行'是有区别的，前者有着强制的意义，而后者只是赋予说服督促履行的责任，这样区别区乡政府的调解和法院的审判职权，既不削弱乡政府在调解工作中的应有的作用，同时又能防止其可能发生的滥扣滥押等侵权行为。"该文件明确行政机关没有民事执行权，行政机关强制执行就是"滥扣滥押的侵权行为"，但同时认为执行权属于"法院的审判职权"。1964年5月19日最高人民法院《关于民事财产纠纷的判决的强制执行裁定是否允许上诉的批复》（〔64〕法研字第48号）指出："民事财产案件判决后，当事人在上诉期内没有声明上诉，也没有提出申诉，即应付诸执行。当事人拒绝执行时，应首先审查原判是否正确。如果原判正确，当事人无理拒绝执行，经过耐心说服教育仍然无效，就应当直接采取强制措施。一般的不必另下强制执行的裁定。"从该文件的内容可以看出，最高人民法院认为执行权与审判权并无实质差异，其行使具有一体性。此外，最高人民法院1956年印发的《各级人民法院民事案件审判程序总结》和1979年印发的《人民法院审判民事案件程序制度的规定（试行）》均有"执行"的专节规定，执行程序完全被纳入审判程序之中。

尽管将民事执行权看作"法院的审判职权"或者将执行程序规定在审判程序的规范之中，但是我国长期以来实行的是"审执分立"体制——行使执行权的人员并不是审判人员，而是专业的执行员，从1991年开始地方各级人民法院还设立了专门的执行机构。最高人民法院1956年10月印发的《各级人民法院民事案件审判程序总结》第7部分指出："遇有判决书或者裁定书内容含糊笼统无法执行或者数字错误不应当执行时，执行员应当提出书面意见送交原审判庭或者报告上诉审人民法院审查纠正。""如果债务人死亡又无财产可供执行，可以由执行员提出书面意见，经审判庭裁定终止执行，并将裁定书送达申请人。"从上述规定可以看出，执行员不是案件的审判人员，执行员和审判人员在身份上是分开的。1982年《民事诉讼法（试行）》更是明确规定，"执行工作由执行员、书记员进行"，1991年《民事诉讼法》同样规定，"执行工作由执行员进行"，并规定"基层人民法院、中级人民法院根据需要，可以设立执行机构。执行机构的职责由最高人民法院规定"。2007年修改的《民事诉讼法》将"基层人民法院、中级人民法院根据需要可以设立执行机构"修改为"人民法院根据需要可以设立执行机构"，最高人民法院据此修改也设立了执行机构。

可以说,审执分立是我国民事诉讼制度的基本传统。

当然,尽管执行员与审判人员的身份是分开的,但并不表明当时在理论上已经澄清了民事执行权与审判权的关系。民事执行权与审判权的关系不清,根源在于人们对民事执行权的性质认识不全面和不准确。我国关于民事执行权性质的理论研究,直到20世纪90年代末才开始并在此后逐渐形成司法权说①、行政权说②、司法行政权说③、双重属性说④、二重权力说⑤等几种不同的观点。其中,双重属性说得到了理论界较为普遍的认可,人民法院近20年来开展的各种民事执行体制和机制改革试点工作,几乎都以民事执行权的双重属性为理论基础。

笔者认为,目前关于民事执行权性质的研究仍存在以下几个方面的问题。①分析的对象不统一,民事执行权的判断权能被低估甚至被忽视。在通过权能分析去认识民事执行权的性质时,人们更多地看到了民事执行权的实施权能,而对其判断权能重视不足,甚至认为民事执行权只有实施权能、没有判断权能,导致对民事执行权的性质的认识发生偏差。有的甚至将内涵和外延都并不十分明确的所谓"纯粹的执行权"代替"民事执行权"的概念,这样得出的结论难免以偏概全。②分析的前提不统一,在民事执行权整体性问题上的认识不足。关于民事执行权是否为一项完整的国家权力,理

---

① 参见肖建国主编《民事执行法》,中国人民大学出版社,2014,第22~25页;童兆洪著《民事执行权研究》,法律出版社,2004,第76页。
② 参见孙小虹《克服执行难是社会系统工程》,《人民日报》1999年3月10日,第10版;石时态著《民事执行权配置研究》,法律出版社,2011,第38~41页;徐卉:《论审判权和执行权的分离》,《中国社会科学报》2016年12月14日,第5版。
③ 常怡、崔婕:《完善民事强制执行立法若干问题研究》,《中国法学》2000年第1期。从三权分立的国家学说来看,司法行政权并不是一种独立的国家权力;从我国国家机关的设置来看,司法行政权其实是一种行政权,因此,严格说来,这种观点仍属于行政权说。
④ 高执办:《论执行局设置的理论基础》,《人民司法》2001年第2期。
⑤ 严仁群:《民事执行权论》,法律出版社,2007,第32页、34页、35页。

论上仍有争议。有人根本否认作为一种完整权力的民事执行权的存在，认为"民事执行权"只是一个集合名词而已，它只是行政性执行权与司法性执行权在同一执行程序中的聚合，这两种权力并没有因为这种聚合而改变各自的性质，也没有相互吸收的情况发生⑥。也许是受前一种观点的影响，有人认为，"民事执行权"与"民事执行程序中的权力"是两个完全不同的概念。"'民事执行权'指的是一种单一性权力，而'民事执行程序中的权力'则是民事执行程序中各种权力的总称。"⑦ 在这种观点看来，民事执行权就是执行实施权，执行程序中的裁判权不是执行权而是审判权。③对国家分权的基础理论的理解存在偏差，将"分权理论"中的"立法权""司法权""行政权"之间的界线绝对化。目前关于民事执行权性质的分析，几乎都是以国家分权理论为理论基础的。但是，学界对分权理论的实质和内容的理解仍存在一些误区，以至于影响了对民事执行权性质的正确判断。突出的表现是过于机械地理解国家分权的过程和结果，认为国家分权存在绝对的、十分严格的标准，分权的结果只能是国家权力分为立法权、司法权和行政权三种，任何国家权力都能够且必须归入上述三种权力之中，立法权、司法权和行政权之间存在绝对的、不可逾越的鸿沟或者界线。以这种机械的分权论为基础，民事执行权要么属于司法权，要么属于行政权。有学者就曾指出："要解决民事执行权的定位问题，必须就该权力在现代国家的立法权、行政权和司法权三大基本权力中确定其归属，给出一个明确的定位。复合权说之意是在国家的三大基本权力之外，主张一种新独立的国家权力。从目前的情况看，民事执行权不可能成为与立法权、司法权和行政权

---

⑥ 严仁群：《民事执行权论》，法律出版社，2007，第34~35页。
⑦ 石时态：《民事执行权配置研究》，法律出版社，2011，第26页。

并列的独立一项国家权力。这种主张既没有理论依据，也没有现实背景。"⑧ 这种观点显然已将分权绝对化，与分权理论的原意不符。事实上，国家分权并没有绝对的、十分严格的标准，并不能确切地说国家的权力只能是立法权、司法权、行政权三种，更不能否定三权之间存在交叉的"中间地带"的可能性。以机械的分权论为理论基础，严重影响了学界对民事执行权性质的正确分析。

在克服上述三个方面不足的基础上，笔者认为，民事执行权具有相对独立性、整体性和复杂性等基本属性。

首先，民事执行权具有相对独立性。强制债务人履行生效法律文书确定的金钱、物或者行为给付的义务，是维护国家法律权威性和公信力的重要工作，是一项独立的国家职能，与审判职能、行政职能、刑事职能及其他职能之间均存在明显的区别，民事执行权并不依附于其他某种权力而存在。其一，民事执行权不依附于民事审判权。民事审判权的基本职能是判断，民事执行权的基本职能是实现。基本职能的差异决定了民事执行权不可能依附于民事审判权而存在。其二，民事执行权不依附于行政权或者行政执行权。民事执行权发生作用形成的结果具有终局性，不可能再进行司法审查；行政权或者行政执行权发生作用形成的结果具有中间性，相对人有权请求进行司法审查。这种差异也就决定了民事执行权不可能依附于行政权或者行政执行权而存在。其三，民事执行权不依附于刑事执行权。刑事执行权运行的基本目的是剥夺罪犯的自由或者生命，民事执行权运行的基本目的则是强制债务人履行财产或者行为给付义务。基本目的的差异决定了民事执行权不可能依附于刑事执行权。正是由于既不依附于民事审判权，也不依附于行政权或者行政执行权、刑事执行权，民事执行权在国家

---

⑧ 童兆洪：《民事执行权研究》，法律出版社，2004，第56页。

权力体系中具有相对独立的地位。

其次，民事执行权具有复杂性。民事执行职能是一项复杂职能，它既有判断事项又有实施事项，而且判断事项与实施事项之间存在交叉与重叠。例如，涉及执行当事人提出的执行申请、抗辩、异议及其实施的和解、以物抵债等自治行为的合法性问题，案件执行标的的确定问题，执行财产的权属关系以及应当执行的范围问题，执行当事人变化问题等，主要是判断事项——查封、扣押、冻结、拍卖、变卖等事项——则主要是实施事项。与此同时，在查封、扣押、冻结、拍卖、变卖等事项的实施过程中，又交叉着是否超标的查封、扣押与冻结，拍卖是否合法与有效，无法拍卖的财产如何处理等一系列需要判断的事项。在实现民事执行职能的过程中，判断与实施其实很难截然分开，这与民事审判、行政或者刑事执行等存在重大差异。因此，民事执行权具有复杂性。

再次，民事执行权具有整体性。为了实现强制债务人履行义务、实现生效法律文书确定内容并解决因此而形成的纠纷，民事执行权中的判断性权能和实施性权能是一个完整的整体，它们不可分割，更不是某几种权能的"临时聚合"，而是由不同权能构成的完整系统。作为该系统的构成要素的民事执行具体权能之间形成了有机的、不可分割的联系，它们缺一不可地分别发生作用，进而产生"整体大于部分之和"的系统效应，最终全面实现民事执行职能。缺乏其中任何一项权能，民事执行系统就无法正常运行，民事执行的国家职能就无法实现。因此，民事执行权具有整体性。

从上述基本属性可以看出，民事执行权既不是纯粹的司法权，也不是纯粹的行政权，而是一种具有司法权和行政权双重属性的复合性权力。从国家权力的构成体系来看，民事执行权应当是一种处于司法权与行政权交叉地带的边缘性权力⑨。简言之，民事执行权具有不同于审判权的基本属性。基本属性的区别决定了民事执行权与审判权具有可分性。

然而，如前所述，我国司法实践中运行的"审执分立"体制，并不是以民事执行权与审判权基本属性的严格区分为基础，而是以民事执行权与审判权的属性或者职能等同为基础。在这种情况下，民事执行权并没有完全脱离审判权的樊篱，民事执行权"被迫"按照审判权的运行模式运行，以至于民事执行权的运行存在这样或者那样的问题，进而导致"执行难"和"执行乱"现象。由此可见，以民事执行权与审判权的基本属性的区分为理论基础，按照其基本属性规范民事执行权的运行程序，使之区别于审判权的运行程序，也就是推动实行民事审执分离体制改革是完全必要的，也是切实可行的。

三　民事审执分离体制改革的可能模式

民事审执分离体制改革的实质是优化民事执行权的配置。关于我国究竟应当如何配置民事执行权、如何实现审执分离的问题，目前形成了法院外分和法院内分两种基本对立的观点。

持民事执行权的行政权说的学者，认为应当将民事执行权配置给法院之外的行政机关。也就是要把当前由法院行使的民事执行权全部或者部分分到法院之外的行政机关，实现民事执行与审判的"脱钩"。由于以"审执分离"为基本方向，且主张将民事执行权配置在人民法院之外，这种民事执行权的配置方式被称为"法院外分模式"。

---

⑨ 参见谭秋桂《民事执行权配置、制约与监督的法律制度研究》，中国人民公安大学出版社，2012，第107~112页。

主张民事执行权法院外分的学者，在民事执行权的具体行使主体问题上，又有不同的意见。第一种意见主张将民事执行权配置给公安机关，"合理的制度安排应当是，法院只管判决，而把执行判决的工作交由作为行政机关的公安局去完成"⑩。第二种意见认为应当将民事执行权配置给司法行政机关，由司法行政机关统一行使民事执行权和刑事执行权⑪。第三种观点认为应当将民事执行、刑事执行和行政执行统一起来，仿造铁路、中央银行系统，参考海关、反贪局等机构，设中央一级的执行总署和跨地区的执行厅和执行分厅⑫。有人主张将民事执行权配置给行政部门，但没有指明具体由哪个行政部门行使民事执行权："基于执行权的行政权性质，将执行权归位于行政部门，才符合宪法原则，才符合现代国家治理原理，且与政府作为行政权主体拥有的资源相匹配。政府远超司法资源，执行责任归于政府行政部门后，政府可以动用一切资源保证判决执行。"⑬

以民事执行权配置的法院外分模式为基础，在我国民事执行机构的设置问题上，有人主张将民事执行权全部配置给司法行政机关或者公安机关，也就是将执行实施机构和执行裁判机构全部从法院系统分离出去⑭。这种观点可称之为"彻底外分模式"。有人则主张将执行实施权能配置给司法行政机关或者公安机关，也就是仅将执行实施机构从法院系统分离出去⑮。这种观点可称为"部分外分模式"。如果将民事执行权完整地配置给行政机关，即执行实施权能和

---

⑩ 贺卫方：《司法的理念与制度》，中国政法大学出版社，1998，第264页。
⑪ 孙宏艳：《审判权与执行权分离的模式选择》，《法制日报》2014年12月10日，第10版。
⑫ 汤维建：《论执行体制的改革》，中国民商法律网，http://www.civillaw.com.cn/Article，2015年7月19日访问。
⑬ 徐卉：《论审判权和执行权的分离》，《中国社会科学报》2016年12月14日，第5版。
⑭ 王小刚：《审执分离不应"小步慢跑"》，《人民法治》2015年第7期。
⑮ 王娅：《司法改革背景下的审执分离研究——以深圳前海合作区人民法院试点为切入》，《福建法学》2015年第4期。

执行裁判权能均由行政机关行使，必然形成行政机关行使司法性判断权不符合法理和我国宪法规定的尴尬。因此，将执行实施机构和执行裁判机构均"分离"到人民法院之外的"彻底外分模式"并没有得到太多人的支持，大多数的法院外分模式支持者主张的是将执行实施机构分离出人民法院，执行裁判机构仍保留在人民法院的"部分外分模式"。

持民事执行权的司法权说或者双重属性说的学者，主张将民事执行权配置给人民法院，但对人民法院行使民事执行权的具体权能的机构进行严格区分。也就是在人民法院已经实行"审执分立"的基础上，实现民事执行权中的裁判权能和实施权能的分离。由于同样以"审执分离"为基本方向，且主张将民事执行权配置在人民法院，这种民事执行权的配置方式被称为"法院内分模式"或者"深化内分模式"。有学者明确指出："由行政机关行使民事执行权会严重损害执行效率"，将民事执行交给行政机关"会带来巨大的制度变革的成本，结果必然是得不偿失"[16]。"民事执行权属于司法权，应由法院来行使；民事执行权和审判权的分离，应当在人民法院内进行分离。"[17] 笔者也认为，民事执行权不能配置给法院之外的其他机关，"执行机构脱离法院违反民事执行的基本规律"[18]。经最高人民法院批准，目前正在广西、广东、深圳、浙江、唐山、江苏、上海等地进行的审执分离体制改革试点，采取的均为法院内分模式，但是具体的"分离方式"各有特点。

从总体上看，我国理论界多数学者主张民事执行权的配置应当

---

[16] 肖建国主编《民事执行法》，中国人民大学出版社，2014，第25页。
[17] 肖建国：《民事执行权和审判权应在法院内实行分离》，《人民法院报》2014年11月26日，第5版。
[18] 谭秋桂：《执行机构脱离法院违反民事执行基本规律》，《人民法院报》2014年12月3日，第5版。

坚持法院内分模式。

四 法院外分模式可能面临的困境

笔者认为，法院外分模式以民事执行权的行政权说为"理论基础"，而行政权说并没有揭示民事执行权属性的全貌。因此，若将法院外分模式作为我国民事审执分离体制改革的方案选择，未来的民事执行实践可能面临一些难以解决的问题。

（一）对治理"执行乱"、克服执行腐败问题作用有限

主张法院外分模式的主要理由之一是"现行执行制度缺乏分权和制衡"，"执行机构内设于法院，法院自审自执、裁断性的权力与实施性的强制权力合一"，不仅易于产生权力寻租现象，而且导致执行救济难以有效，在缺乏外部监督的情况下，执行乱和执行腐败的问题无法解决。[19] 笔者认为，这一理由存在难以自圆其说的地方。首先，任何拥有权力的人都想把权力用到极致。即使将民事执行权从法院分离出去，也难免产生权力滥用和权力寻租的问题。通过民事执行权外分就能够确保民事执行工作的廉洁性，由行政机关行使民事执行权就可防止权力滥用和权力寻租，这种想法未免过于天真。其次，根据外分模式的设想，执行实施权外分后，执行救济裁判权仍留在法院。笔者认为，在执行裁判权的行使主体没有变更、执行救济制度没有变化的情况下，很难想象执行救济裁判的公正性会因执行实施权外分而突然提高。外分模式主张者似乎存在下列假设：当执行实施权与执行裁判权均为法院行使时，执行裁判权是执行实

---

[19] 徐卉：《论审判权和执行权的分离》，《中国社会科学报》2016年12月14日，第5版。

施权的"帮凶";当两者分别由不同机关行使,尤其是执行实施权由行政机关行使时,执行裁判权就会成为执行实施权的"死敌"。这种假设显然没有任何依据,也不符合实际情况。再次,法院外分模式的支持者将权力制约与权力监督等同起来,将执行救济与执行监督等同起来。制约、救济与监督不分,必然难以充分发挥各项制度的不同功能。就监督而言,将执行实施权配置给行政机关,并不会增加执行监督的方式,也不会增强监督的效力,很难突然提高监督的效果。那种认为民事执行权法院外分有利于强化执行监督、确保执行公正的想法,其实没有任何根据。总之,认为执行实施权外分更有利于治理执行乱、克服执行腐败问题,纯属偏见与误会,既没有逻辑基础,也没有实践基础。

(二)改革成本高且必然降低民事执行效率

将民事执行实施权分离到法院之外的行政机关,一方面,不可避免地要进行人、财、物等的重新调配,甚至可能要增加更多的人力、物力和财力,改革成本必然相当高;若要新设行使民事执行权的行政机关,改革成本将更高且不符合我国精简政府机构的基本方向。另一方面,民事执行实施权外分之后,执行实施权和执行裁判权分别由行政机关和司法机关行使,案件执行和裁判的效率必然降低。举例来说,按照外分模式的思路,当事人对消极执行行为不服的,必须向法院提出异议甚至提起行政诉讼;法院为了审查执行行为是否违反法律规定,就必须赴行政机关调取执行案卷。在这种情况下,当事人就不得不在行使执行裁判权的法院与行使执行实施权的行政机关来回奔波,行使裁判权的法院和行使实施权的行政机关不得不反复交换信息,案件也不得不在法院和行政机关反复进出，执行效率必然严重降低。有学者甚至预言：由行政机关实施强制执行措施，"对于被执行人或利害关系人而言，这些措施都属于行政诉讼法上的具体行政行为，该当纳入法院司法审查的视野，而且适用两审终审制度。如果按一个民事执行案件可能提起5个行政诉讼计算（保守估计），那么我国每年200多万件民事执行案件会带来至少1000万件行政诉讼案件，那么各级法院行政庭至少还要添加数十倍的人事编制"[20]。尽管最终是否会因执行实施权外分而导致行政诉讼案件"爆炸"目前还不得而知，但是这种担心并不完全是多余的。

（三）必然加重当事人负担、造成执行难

执行实施权外分，执行案件将会在行政机关和法院之间往返"旅行"，造成当事人的不便、增加当事人成本，案件执行所耗时间也必然增加、周期必然加长，甚至可能遭遇行政机关和法院"相互推诿"，加上地方保护主义的干扰，当事人可能感觉民事执行更加困难。换言之，执行实施权外分不但会加重当事人的负担，而且可能造成更为严重的执行难问题。如果产生了这样的结果，决策者预设的审执分离体制改革目标和任务必然无法实现，甚至可能与改革的初衷完全背道而驰。

（四）可能引起严重的制度冲突，造成秩序混乱

法院外分模式的基本观念是将民事执行实施权外分给行政机关。按照这种思路，民事执行程序可能带来一系列依现行法律制度无法

---

[20] 肖建国：《民事执行权和审判权应在法院内实行分离》，《人民法院报》2014年11月26日，第5版。

解决的问题。其中最为困难的是执行裁判事项与执行实施事项的协调问题，包括执行实施程序如何启动，责任财产如何认定，保全措施与执行的关系如何处理，执行实施程序与执行救济程序如何衔接，执行行为的物权变动效力如何体现，等等。若民事执行机关无权处理这些事项，民事执行程序显然无法顺利推进；若为了顺利推进民事执行程序而赋予民事执行机关处理这些事项的权力，又会与现行法律规范形成强烈冲突。在民事执行权外分模式下，无论怎样做，民事执行机关都可能陷入两难境地，极易带来民事执行秩序的严重混乱。

（五）将加剧行政权过大的问题

我国行政权过于强大已是不争的事实。政府习惯于大包大揽，民众也习惯于"有问题找政府"，这些"习惯"已经严重影响社会的健康发展。造成行政权过大的原因，除了文化传统和计划经济体制的影响等因素外，对国家权力的分类过于粗疏、笼统进而导致权力配置不科学也是不可忽视的因素。如前所述，民事执行权是一种复合性、边缘性权力，如果简单地将其全部或者部分配置给行政机关，不但不符合民事执行权的基本属性，而且必然因复合性权力的行政化而造成本已过于强大的行政权更加臃肿，带来更多更为严重的社会问题。最为明显的是，若实行民事执行权的法院外分模式，地方保护主义就更容易"发挥作用"，行政干预司法有了更为方便和直接的路径，民事执行工作将更加困难，"执行乱"的问题将更加突出。

总之，法院外分模式在提高民事执行效率、降低民事执行成本、防止民事执行错误方面几乎难有积极效果。如果以该模式作为民事审执分离体制改革的方向，不但不能解决现有的"执行难"、治理现有的"执行乱",反而会增加新的"执行难"、造成新的"执行乱",决策者设定的通过推动实行审执分离体制改革"保证司法公正、提高司法公信力"的目标和任务必然无法实现。

五 法院内分模式的优势

法院内分模式的基本思路是将民事执行权完整地配置给人民法院,同时在人民法院内部严格区分执行裁判权能和执行实施权能的行使主体和运行程序。笔者认为,这一思路符合民事执行的基本规律,应当成为我国民事审执分离体制改革的基本方向。

(一)有利于提高民事执行的效率

如前所述,民事执行权具有复杂性和整体性。在配置民事执行权时,应当将其应有权能全部配置到位,而不能遗漏某些权能,否则就可能割裂民事执行权而破坏民事执行权配置的科学性。只有具有足够的权力,才能确保民事执行的效率并发挥其应有功能,否则不但应有功能无法发挥,效率也会显著降低。无论是判断性的执行权能还是实施性的执行权能,都是民事执行权不可分割的部分。如果将其分开分别配置给不同的机关,其中执行实施权能配置给法院以外的行政机关,执行裁判权能配置给人民法院,必将割裂民事执行权。其后果必然是每一执行案件不得不在行政机关和人民法院之间移来移去,执行当事人不得不在人民法院和行政机关之间来回奔波,执行效率必将显著降低,与效益优先的价值目标背道而驰。由人民法院统一行使执行裁判权能和执行实施权能,执行案件统一由人民法院处理和解决,案件不会在人民法院和行政机关之间移来移去，当事人不必在人民法院和其他机关之间来回奔波，相对于执行权法院外分的执行实施机构外分模式而言，效率必然更高。

（二）有利于降低民事执行成本

一方面，相对于分别由两个机关行使而言，一项权力统一由一个机关行使而耗费的人力、物力、财力、时间等直接成本肯定更低。法院内分模式的基本特点是人民法院完整地行使民事执行权。相对于民事执行权分别由人民法院和行政机关行使的外分模式而言，法院内分模式实现了一项权力由一个机关行使，因此其直接成本更低。另一方面，一项权力分别由不同的机关行使时，由于权力划分的不清晰性和不确定性，极易发生相互推诿或者相互争夺权力的现象，其结果必然是权力运行的错误成本增大。法院内分模式将民事执行权统一由人民法院行使，即使存在权力划分不清晰的情形，也可在人民法院内部协调解决，相对于民事执行权分别由人民法院和行政机关行使的外分模式而言，有利于降低错误成本。此外，根据法院外分模式的设想，当事人不服执行机构的执行行为的，可以提起行政诉讼寻求救济，此时就会涉及两个不同的机关；而依法院内分模式，当事人不服执行机构的执行行为的，可以通过执行异议、复议等方式寻求救济，则只是涉及一个机关。行政诉讼的成本显然更高，更不便于当事人获得救济，而执行异议和复议的直接成本显然更低，更方便当事人获得救济。总之，法院内分模式有利于降低执行成本。

（三）有利于防止民事执行错误

一切权力都容易滥用。分权和制约是预防权力滥用的重要手段。

根据分权理论，制约的基本方法是在一定程度上保持权力的混合与重叠。在理论界普遍认为民事执行权具有执行实施权能和执行裁判权能的基础上，笔者认为民事执行权还具有执行命令权能。如果将民事执行权完整地配置给人民法院，就可实现执行命令权能、执行实施权能和执行裁判权能在一定程度上的混合与重叠，从而发挥权力制度的功能，减少执行错误，预防执行乱[21]。如果将民事执行权的执行实施权能外分到行政机关，就无法形成有效的制约机制。缺乏制约，或者制约机制不健全，民事执行错误必然就会增多，执行乱就不可避免。

民事执行权能之间的制约首先体现为执行命令权能与执行实施权能的相互制约。此种制约一般应通过保持权能的适度混合与重叠来实现：执行实施的启动程序权掌握或者控制在行使执行命令权的人或者机构的手中，执行命令的实现权则掌握或者控制在行使执行实施权的人或者机构的手中。

实现执行裁判权能与执行实施权能的相互制约就要做到，执行实施权能对执行裁判权能具有服从性——执行裁判权能发生作用形成的结果，执行实施权能必须予以落实；执行裁判权能对执行实施权能具有依赖性——执行裁判权能发生作用形成的结果，只有经过执行实施权的作用才能落实，执行裁判权不得自行落实自己作用的结果。例如，执行实施行为违反法律规定的，行使执行裁判权能的人或者机构有权责令予以纠正，行使执行实施权能的人或者机构必须纠正；但是，行使执行裁判权能的人或者机构不得自己采取纠正措施。也就是说，执行裁判权能具有最终决断权，但

---

[21] 谭秋桂：《民事执行权配置、制约与监督的法律制度研究》，中国人民公安大学出版社，2012，第204~206页。

没有落实权能；执行实施权能具有落实权，但没有最终决断权能。

实现执行裁判权能与执行命令权能的相互制约就要做到，对于执行命令权能的作用结果（即发出的执行命令），当事人或者利害关系人可以声明不服而要求裁判，使之进入执行裁判权能的作用范围。对于执行裁判权能的作用结果（即作出的裁判），执行命令权能必须服从。执行裁判权能具有的最终决断的效力，会促使行使执行命令权能的人或者机构审慎行使权力，从而确保执行命令权能的规范运行。也就是说，执行裁判权能对执行命令权能的影响不只是事后救济或者纠正，更是通过纠正机制的预设使其控制效力前移至执行命令权发挥职能作用的同时。此外，执行裁判权能就执行命令有关事项所作的裁判最终要通过执行命令权能的作用才能实现，执行命令权反过来也制约执行裁判权。

只有将民事执行权完整地配置给人民法院，才能形成上述有效的权能制约机制。如果将执行实施权能配置给人民法院之外的其他机关，上述制约机制就无法形成，通过制约确保权力规范运行、预防执行错误的计划就会落空。因此，法院内分模式有利于防止执行错误。

（四）有利于树立民事执行权威

有人认为，只有将民事执行权从人民法院剥离出去，赋予执行机构独立侦办相应犯罪案件的"讯问、询问、搜查、查封、扣押、拘留、通缉、侦查等一切权能"，才能解决执行乏力的问题[②]。笔者认为，执行乏力并非因民事执行权由人民法院行使而引起，而是由于我国司法权威不足、民事执行体制和机制不完善；依拒执罪追究被执行人刑事责任，是维护裁判和民事执行权威性的重要方面，但

---

② 桑本谦：《为新一轮司法改革所忽略的执行问题》，财经网，2016年7月24日。

不是提高裁判和执行的权威性的根本途径。裁判和执行权威最终应当以公正为基础。就民事执行而言，只有完善民事执行体制和机制，强化民事执行权的具体权能之间的相互制约，解决"执行难"、治理"执行乱"，即实现公正、高效执行，才能提高民事执行的权威性。仅仅依靠追究被执行人刑事责任提高民事执行的权威性，是一种治标不治本的方法，不但于事无补还可能引发其他更多的副作用。将民事执行权完整地配置给人民法院，并通过完善机制，实现执行命令权能、执行实施权能和执行裁判权能的有效制约，就可提高民事执行的公正性和效率，最终提高民事执行的权威性。相反，如果不将民事执行权的全部权能配置给人民法院，而只是将部分权能配置给人民法院，势必割裂民事执行权，民事执行权的具体权能之间无法建立起有效的制约机制，民事执行的公正性和效率就没有保障，执行乱和执行难的问题无法解决，民事执行的权威性必将失去基础。

民事审执分离的模式选择事关国家司法体制大局，必须给予高度重视。只有经过全面、深入、细致的分析论证，全面解决为什么要审执分离、如何进行审执分离以及审执分离后如何确保各制度的协调运行等问题，才能确定审执分离的最终方案，切忌草草行事。因此，目前正在进行的理论争议和试点工作十分必要。从目前我国的现实情况来看，将民事执行权完整地配置给人民法院，在人民法院内部细分民事执行权的具体权能，构建执行命令权能、执行实施权能和执行裁判权能之间的有效制约机制，应当是我国民事审执分离体制改革的最佳方案。法院内分模式有利于确保和提高民事执行机关的独立性，有利于提高民事执行的公正性和权威性，有利于彻底解决"执行难"和治理"执行乱"。可以说，只有法院内分模式才能实现"保证公正司法、提高司法公信力"的改革目标与任务。

Abstract: The objective and task of China's civil trial and separation system reform is to solve the problem of "execution difficulties" and "implement chaos", that is to improve the efficiency of civil execution, reduce the cost of civil execution and prevent civil execution errors. The nature difference between civil execution right and jurisdiction is the foundation of China's civil trial and separation system reform, and the reform of civil trial and practice separation system is the new understanding and latest development of the relationship between trial and practice on the basis of "separation of trial and practice". The outside division mode of the reform of the civil trial and separation system must reduce the execution efficiency, increase the execution cost and prevent the execution error, but it may cause the system conflict, cause the execution order confusion and aggravate the executive power. The internal model of the court can not only improve the efficiency of civil execution, but also reduce the civil execution cost and prevent civil execution error, and establish the authority of civil execution. The internal pattern of the court should be the goal and direction of the system reform of civil trial and separation in China.

Key words: separation of trial and practice; mode choice; the outside division mode of the Court; the internal model of the Court

论审判权和执行权相分离的体制改革路径选择

徐 卉[*]

摘 要： 审判权与执行权相分离是党的十八届四中全会决定确立推动执行体制改革的方向。执行难问题一方面是由于法院系统内部可用于执行的资源有限，更主要的是因审判权与执行权均由法院行使而导致的执行乱与执行腐败，这是现行民事执行制度的体制弊端。从权力的性质看，审判权是司法判断权，执行权作为实施权，其性质属于行政权。我国由于长期实行"审执合一"体制，不能全面把握执行制度的基本规律，执行体制改革的根本路径在于审判权与执行权的外部分离。

关键词： 审判权 执行权 执行难 审执分离

党的十八届四中全会在《中共中央关于全面推进依法治国若干重大问题的决定》（以下简称《决定》）中指出，"优化司法职权配置，健全公安机关、检察机关、审判机关、司法行政机关各司其职，

---

[*] 徐卉，法学博士，中国社会科学院法学研究所研究员。

侦查权、检察权、审判权、执行权相互配合、相互制约的体制机制。完善司法体制，推动实行审判权和执行权相分离的体制改革试点"，已经把执行权提升到了一个与侦查权、检察权、审判权相对平行的高度，进一步明确了审执分离的改革方向。2015年4月，中共中央办公厅、国务院办公厅印发的《关于贯彻落实党的十八届四中全会决定 进一步深化司法体制和社会体制改革的实施方案》（以下简称《实施方案》）再次强调，"推动实行审判权和执行权相分离的体制改革试点。在总结人民法院内部审执分离改革经验的基础上，研究论证审判权与执行权外部分离的模式"。

审判权与执行权相分离的体制改革，应当包括刑事执行权、行政执行权、民事执行权与相应审判权的分离，通过改革探索建立健全统一的国家执行体制。其中，关于刑事执行，党的十八届四中全会《决定》明确提出了"完善刑罚执行制度，统一刑罚执行体制"，理论和实务界关于将刑罚执行权交由司法行政机关行使的意见也较为统一，无须赘述。关于行政执行，就执行环节而言，与民事执行并无本质差异，对民事执行体制改革的讨论对其完全适用，且行政执行案件总量不大，不必专门讨论。因此，在全面推进依法治国的总目标下，探索民事执行权改革、优化执行权的配置、创新执行权运行模式，如何实现民事审判权和执行权相分离的体制改革已成为目前司法体制改革中的重点问题[①]。

尽管中办、国办印发的《实施方案》中已明确指出，推动审判权和执行权相分离的体制改革试点要研究论证审判权与执行权外部

[①] 实际上，民商事执行案件超过八成，也是实践中存在问题、争议最多的。根据最高人民法院的数据，2015年，新收民商事执行案件3496716件，占84.06%；刑事执行案件151884件，占3.65%；行政诉讼执行案件10745件，占0.26%；非诉行政行为执行案件172880件，占4.16%；仲裁执行案件205287件，占4.93%；公证债权文书执行案件46516件，占1.12%。

分离的模式，但是迄今在执行体制改革中，开展的仍然只是法院内部的审判业务庭与执行局的分离（事实上，这种内部式的审执分离改革在21世纪初即已开展并持续至今十余年），这是由法院系统所主导的基于路径依赖、改革成本最小化思路确定的改革路径，即所谓的"深化内分"[②]。本文旨在就推动审判权与执行权的外部分离进行论证。

一 问题梳理：执行为什么难

自20世纪80年代中期以来，"执行难"作为对执行中存在的顽症的概括，已成为长期困扰各级人民法院的一个难题，也是人民群众反映比较强烈的突出问题。

（一）两种视角下的执行难

1. 法院视角

关于"执行难"问题，1999年中共中央专门下发"中发〔1999〕11号"文件，转发了《最高人民法院党组关于解决人民法院"执行难"问题的报告》，其中将"执行难"概括为：被执行人难找，被执行财产难寻，协助执行人难求，应执行财产难动。在今天的实践中，除了这"四难"以外，还要加上一个"特殊主体难碰"，主要是指一些具有特殊身份的人员，如涉及党政机关、军队财产的执行案件，以及一些人大代表、政协委员作为被执行企业法定代表人的案件，一直是执行的难点，在这些案件中，法院的执行工作往往受阻且长期得不到解决。

---

② 江必新、刘贵祥：《审判权和执行权相分离的最优模式》，《法制日报》2016年2月3日。

从法院执行工作开展的角度概括呈现的执行难问题,究其原因,主要可从法院内部和外部两方面的因素进行分析。

就法院的内部因素而言,"执行难"主要归因于法院系统内部可用于执行的资源有限,包括执行力量不足,需要强制执行的案件负担过重而执行人员的数量、能力、专业化程度不够,执行装备不足,执行组织内部关系没有理顺等问题所造成的"执行的绝对力量不足"。从外部因素来说,"执行难"作为中国司法实践中的顽疾,与经济发展水平有关,跟社会交易诚信体系的健全程度相关,也跟整个社会的法治意识有待提升相关。地方保护主义的阻挠,社会财产监管和诚信体系建设不完善,财产权利登记制度、信用制度不完备,抵押登记机关混乱,担保监控体系不健全,破产制度存在盲区,强制执行法律规定匮乏等多重外部因素,都是目前在执行过程中依靠法院自身的力量不可能克服的阻力和困难。

以上原因概括起来就是,作为转型期特殊的法律现象,"执行难"问题实际上集中反映了目前强制执行程序的有限性。由于转型期制度总体供应不足,"执行难"可以被理解为一种功能相当有限的法律程序直接面对过于复杂的社会现实,因而不得不处理超出其制度容量的问题时不堪重负而引起的制度扭曲或制度紧张[③]。

循此思路,则解决执行难问题的方向与出路也相应清晰,即内部扩容、外部增加制度供给。在执行机构内部,应增强其执行力量和执行能力,包括执行信息化建设;在外部,应完善各项相关的法律制度和社会信用机制。虽然说这个解决方案头绪繁多,而且要应对复杂困难的现实局面特别是必须要假以时日,但显然,解决执行

---

③ 王亚新:《强制执行与说服教育辨析》,《中国社会科学》2000年第2期。

难问题实际上是有清晰可行的对策④。

2. 当事人与社会公众视角下的执行难

从当事人与社会公众的感受来看,"执行难"实际上主要体现为执行乱与执行腐败。

(1) 执行乱

所谓"执行乱"是指,法院内部执行秩序无序以及执行行为不规范的现象,包括消极执行、拖延执行、选择性执行、不规范执行、乱执行。具体体现为法院执行过程中随意性很大,如因金钱或人情的因素导致执行人员故意不执行,对案件拖延、推诿、懈怠执行;执行标的数额大、容易执行的案件抢着执行,标的数额小、执行难度大,如相当数量的交通事故、人身伤害赔偿等涉民生执行案件,则无人问津;在执行中不择手段,滥用强制措施乱抓人,乱扣押,执行中违规评估、拍卖,随意追加或变更执行主体,执行案外人财产,诸如此类,不一而足⑤。

实际上,前述的各种执行乱现象都可归结为法院执行管理的混乱。由于执行环节繁杂、执行案件数量多、执行法规体系不健全、执行人员整体素质不高等诸多因素,长期以来,大多数法院在执行管理方面一直是粗放型管理,执行案件底数不清,一些执行案件长期在管理体系之外循环,形成廉政风险和廉政"黑洞"。同时,办案流程、笔录卷宗、案款发放等执行的各环节缺乏明确具体的规范,

---

④ 对于约占目前执行总数40%的被执行人没有履行能力的案件,在目前法院的统计数据中,实际上已经排除了那些因被执行人无财产可供执行、人民法院穷尽手段亦无法执行到位的案件,这类案件并不属于"执行难"的案件。实践中,自2000年之后,在司法统计上,这类案件已根据《民事诉讼法》第257条的规定,裁定执行终结,作为结案处理;2015年施行的《最高人民法院关于适用〈中华人民共和国民事诉讼法〉的解释》第519条则明确规定了"终本程序",即经过财产调查未发现可供执行的财产,在申请执行人签字确认或者执行法院组成合议庭审查核实并经院长批准后,可以裁定终结本次执行程序。

⑤ 详见童兆洪《民事执行调查与分析》"专题一",人民法院出版社,2005。

且各地法院执行案件办理系统相互独立、各自为政,上级法院很难对下级法院的办案全流程实行有效的执行监督。而且强制执行案件往往不能一次性执行完毕,有些抚养费的案件,甚至需要执行10多年。那么,在现行绩效考评体制下,过分强调结案率,执行时间跨度大的案件如果一直处于未结状态,将大大影响法院的整体结案效率,"终结本次执行"的结案方式由此产生。终结本次执行不是执行完毕,而是告一段落。有些可以继续执行,但是对于这类案件,一些办案人不负责任,反正办案系统中该案已经结案了,也不会影响办案效率,干脆把卷宗放在一边。

(2)执行腐败

法院执行与财产直接打交道,而且执行的强度大小与当事人的利益直接相关,所以执行环节成为我国司法腐败的重灾区。近年来,执行人员违法违纪比例一直比较高。占全国法院干警1/10的执行干警中,发生问题的就有1/3,其中包括法院系统业务水平与行政职级都非常高的工作人员,对此,最高人民法院领导反复强调"这不是偶然的现象"⑥。

执行腐败案一般都涉及部门窝案,串案问题严重。例如,2002年,湖北省武汉市中级人民法院爆发的执行腐败窝案涉及13名法官和44名律师。随后,武汉中院进行了大规模的人事调整,但仅过数年,2009年,该院再次爆发执行腐败窝案,包括院长周文轩在内,6名执行局法官落马。此外,像曾被誉为中国"第一执行局长"的广东省高级人民法院执行局原局长杨贤才案,最高人民法院执行局4名处级以上法官与黄松有案牵连涉案,重庆市高级人民

---

⑥ 赵绘宇、黄卓昊:《救济、分权与检察监督——构建我国民事执行权的三重制约机制》,《华东政法大学学报》2010年第3期。

法院执行局原局长乌小青与该院原副院长张弢的特大执行窝案,四川省法院的"三级执行局长集体沦陷"窝案,广西壮族自治区高级人民法院原副院长欧绍轩案,湖南省高级人民法院原院长吴振汉与长沙市中级人民法院原副院长唐吉凯执行腐败案,辽宁省高级人民法院原院长田凤岐与辽宁省高级人民法院执行局原局长张鹏程的贿赂案,青岛市中级人民法院原副院长刘青峰执行腐败窝案,海南省高级人民法院原执行庭庭长马升受贿案,深圳市中级人民法院原副院长裴洪泉等 5 名负责执行的法官窝案,吉林省高级人民法院原执行庭法官李征达腐败案等,都是涉案金额巨大、社会影响极坏、严重败坏了人民法院形象的大案[⑦]。

执行乱和执行腐败的实质是民事执行权的滥用,当然,执行腐败已经是执行中不公正的最极端形式。在法院看来,执行不力、执行不到位、执行阻力大、执行缺手段、老赖抗法、社会诚信制度缺失等,是一直存在的"执行难"问题;而在社会大众眼中,执行一发力,就出窝案、出腐败,"执行乱"已经成为中国司法制度的问题标签,媒体用"前腐后继"来刻画一些法院的执行乱象,戏称法院的民事执行工作是"毁"人不倦[⑧]。法院的执行问题是一个困扰司法工作的重大难题,某种程度上已成为法治建设的瓶颈,可以说是木桶上最短的一块木板。

(二) 现行民事执行体制的弊端

从前面的分析可以看出,要解决法院视角下的执行难问题,实际上有清晰可行的对策。但是,这些对策方案并不适用于解决当事

[⑦] 郑小楼:《法官腐败报告》,《财经》2013 年第 15 期。
[⑧] 张志铭:《执行体制改革的想象空间》,《人民司法》2008 年第 21 期。

人与社会公众视角下的执行难,即执行乱和执行腐败的问题。尽管在实践中,执行乱往往与执行难交织在一起,并且执行乱会加剧执行难;同时,执行中的腐败行为也加剧了执行的难度,而执行难又增加了腐败机会、降低了腐败风险,此三者相互产生了循环并形成叠加效应。然而,解决了执行难并不等于能解决执行乱或执行腐败,因为执行乱和执行腐败的实质是民事执行权的滥用,而造成执行权滥用的根源在于现行执行制度缺乏分权和制衡,这是现行执行制度的结构性缺陷与体制弊端。

1. 审判权与执行权合一,当事人的权利保障难以到位

审判是通过"判断"形成社会秩序,而执行则是通过"行动"实现社会秩序。法官应当保持中立,但在执行中执行员必定要站在权利人的立场而难以保证其中立性。尽管执行机构与当事人之间的纷争不存在任何直接利害关系,但是由于执行程序的特点,决定了执行机构在客观上与债权人形成了利益共同体——债权人的利益是实现债权,而执行机构则需要借助实现债权来证明自身存在的价值,债权人通过强制执行获得清偿是对执行机构工作的最大肯定,这决定了执行机构实际上承担着债权人的委托人、代理人的角色。而法院的审判权与执行权合一、自审自执,法官既作裁判又直接强制实施其所作的裁判,这在我国法治建设尚处于起步阶段,相关法律法规制度还不健全的情况下,很容易导致法官在审判和执行中进行权力寻租,滥用职权、以权谋私,严重侵蚀司法公信力。

1999年7月,中共中央关于转发《中共最高人民法院党组关于解决人民法院"执行难"问题的报告》通知,要求建立统一管理、统一协调的执行工作体制,以解决执行难问题。此后,法院一直在探索审执分离的体制改革。现在已经通过在人民法院内部设立执行局的方式实现了民事执行权的再分配，改变了以往法院的民事判决、裁定是由作出该判决、裁定的审判员负责执行的"审执合一"体制。但是这种分权，只是民事执行权在同一个法院内部不同人员和机构之间的分配，实际上，法院仍然集审判权和执行权于一身，裁断性的权力与实施性的强制权力合一，在权力结构上，并没有消除权力寻租的制度空间。

从实践中看，由于执行事关财产利益，执行人员的权力太大，执行工作主动与否、执行款能否及时发放、执行标的在多个债权人间的分配、执行中的委托拍卖评估等，都给权力寻租留下空间。执行领域中寻租体现为多种多样的方式，包括利用执行权或法院领导向执行人员打招呼，从而索贿受贿、徇私舞弊、违法执行、拖延办案等等。利用执行权犯罪的案例主要情形包括：接受请托加大执行力度或拖延、暂缓、中止执行；在执行案件的债权分配上为请托人谋利；滥用执行权，违法查封、扣押、解冻或重复冻结，擅自发出协助执行通知书等；违法变更、追加执行主体；执行案件批示指定或变更法院管辖，等等。执行领域的腐败近年来处于高发态势，从已经被查出的执行腐败案件来看，在执行的每一个环节上都存在寻租的空间。

但是对于法院执行中的权力寻租与腐败，当事人要想保障自己的合法权利、对法院的违法执行行为提出质疑，在现有的执行体制下，却没有畅通的救济渠道。因为，在目前法院同时行使审判权与执行权的权力架构下，当事人的执行救济请求只能向执行机构所在的法院提出，然而要法院自己纠正自己执行机构的违法行为，其难度可想而知。比如在执行中，目前最易滋生腐败大案的一大环节是评估和拍卖，在这一环节中，执行法官与买受人、拍卖机构和评估人员串通，授意评估人员低价拍卖，由于整个拍卖、变卖财产的执行环节都被法院控制，当事人无从就拍卖机构的选定和评估机构的估价提出争讼。如果当事人想要因拍卖机构的违规拍卖、评估机构的超低估值向法院提起民事诉讼、要求获得救济，其结果是驳回起诉，因为法院系统占主导的观点是，法院对拍卖机构属于司法授权，拍卖机构是作为法院执行活动的辅助人实施拍卖，其拍卖行为被认为是法院执行行为的延伸，因而当事人只能向法院执行机构提出异议，并不能获得司法救济[9]。这就是实践中执行委托拍卖成为司法腐败高发区的原因[10]。在我国，在有财产可供执行的案件中，80%左右的财产是房地产等不动产。对于这些不动产，主要通过司法拍卖变现。大多数执行腐败窝案、串案，均涉及暗箱操作、违规拍卖[11]。有研究者统计："法院腐败案件，80%~90%出在执行领域，而执行领域的腐败80%~90%又出在拍卖环节。"[12]

事实上，在现行的权力结构中，只要法院行使执行权，就不可能将其执行行为纳入有效的司法审查范围，当事人的权益受到侵害也得不到有效的救济，司法腐败不可能从根本上得到遏制。

2. 审判权与执行权合一，民事执行权的制约机制难以健全

从现行法律规定和执行实践来看，我国存在两种制约民事执行权的机制。一是民事审判权对执行权的制约，即在执行法院裁判时，

---

[9] 新抚环发物资供销站诉辽宁国源拍卖有限公司及常某拍卖合同案，抚顺市中级人民法院（2013）抚中审民终再字第00001号再审判决书，法官后语。

[10] 由于实践中委托拍卖存在诸多问题，近年来，最高人民法院大力推行网络司法拍卖。但是在《最高人民法院关于人民法院网络司法拍卖若干问题的规定》（法释〔2016〕18号，自2017年1月1日起施行）中仍规定，"当事人、利害关系人认为网络司法拍卖行为违法侵害其合法权益的，可以提出执行异议"，仅可提出异议而并不可诉。

[11] 邓新建、穆健：《司法拍卖一度成法官"沦陷"地，各环节猫腻层出》，《法制日报》2011年7月13日。

[12] 该数据系重庆市高级人民法院院长钱峰给出的一个大致统计，详见《专访钱峰：重庆法院系统制度反腐渐入深水区》，中国新闻网，2010年1月20日，http://www.chinanews.com/gn/news/2010/01-20/2081755.shtml，最后访问日期：2017年5月21日。

执行的标的、内容由生效裁判确定，不得随意变更执行标的，不得强制债务人超范围履行义务；因执行行为形成实体权利关系争议的，由民事审判权作出终局裁判。二是通过执行分权实现执行裁判权对执行实施权的制约，即当事人、案外人不服执行实施行为的，可以通过申请异议、提起诉讼的方式请求通过执行裁判权作出终局裁判。

尽管存在上述两种制约机制且法院力图通过该机制确保民事执行权正常运行，现行民事执行权制约机制的缺陷仍然十分明显。就执行乱、执行腐败的问题来看，虽然法院近些年的努力成效显著，但从根本上来看，这样的努力不仅存在现实难以解决的问题，而且违背基本的司法规律，因为"任何人不能做自己案件的法官"，这是现代法治最基本的要求。从现实情况来看，执行腐败已经是司法腐败中问题突出的部分，原因与民事执行权的制约机制不健全、执行裁判权与执行实施权均由法院承担关系密切——执行中法院一家独大，实际上导致了难以制约的权力，如执行当事人、案外人要求纠正法院的违法执行行为，仍然要向该法院提出异议（只是由该法院不同的部门处理），至于执行中因为对执行的资产估价不公等问题，当事人诉诸司法救济获得解决的诉讼机制，在现行审执合一的体制中，不可能真正建构。由于执行实施权与执行裁判权为同一个法院掌握，当事人即便可以因此提起关于执行救济的诉讼，由法院自己纠正自己执行部门的错误，不论是司法的实体公正还是程序公正，对当事人来说，都存在问题。因为从法院的内部结构上看，有些执行局领导兼任副院长或者裁决合议庭成员，执行实施过程中，执行实施人员往往已经请示了执行局领导，而执行裁决人员提出相反意见就要冒着与领导意见不同的风险；同时执行裁决人员也往往会基于保持内部关系和谐，或出于对执行局业绩考核等因素作出妥协处理，现行的执行救济途径不畅，救济程序流于形式，执行干警违法违纪易发、高发，法定的执行异议、复议、监督等制度难以充分发挥作用，不能有效纠正和防止违法或不当的执行行为发生，其症结正在于此。而同时，司法的权威性也被公众质疑。

3. 审判权与执行权合一，民事执行权的监督体系不易完善

权力不但需要有内部的制约，还必须有外部的监督。我国现行民事执行体制的监督主要是法院系统内上级机构对下级执行机构的监督，或者称为上级执行法院对下级执行法院的监督。这种监督具有较为严格的程序，应当属于制度性监督。

然而，仅有上级执行法院对下级执行法院的监督是远远不够的，首先，尽管监督者和被监督者分别是不同级别的法院，但是这种监督仍然是法院系统内部的监督，属于"自己裁判、自己执行、自己监督"，监督的力量不是来自外部，其公正性就难以令人信服，其效果也就难以保证。其次，上级执行法院对下级执行法院的监督效益难以保证。从地域来看，上下级执行法院之间的空间距离较远，从启动监督程序到审理和裁判，所耗成本较高，进而影响民事执行效益价值的实现。再次，上级执行法院对下级执行法院的监督效力难以保证。在司法权行政化和地方保护主义因素的作用下，下级执行法院对上级执行法院的监督行为采取抵制态度，导致执行监督的效果难以保证[13]。

从目前的外部监督机制来说，检察院作为国家的法律监督机关，根据2012年新修订的《民事诉讼法》的规定，已明确了检察机关对民事执行活动的法律监督职能。但是，由于民事执行本身的专业性，

---

[13] 谭秋桂：《民事执行权配置、制约与监督的法律制度研究》，中国人民公安大学出版社，2012，第45页。

以及检察机关与法院执行机构在工作方式上的差异太大,实践中,检察机关对民事执行的外部监督很难发挥作用,而且检察机关的监督也不能实现常态化。

关于执行腐败问题的原因,除了与现行执行体制缺乏有效监督相关,当然也主要与执行队伍的建设相关,包括思想政治素质、业务工作能力和职业道德水平等方面。但是,仔细检视那些令人震惊的执行腐败窝案、串案,我们会发现,在法院适用的执行改革措施,相当一部分是前述落马的执行局长们推出、创制的,他们的业务工作能力不可谓不高。比如,对恶意逃债者发布《限制高消费令》,将下级法院难以执行的案件统一"打包"指定给非原管辖地的法院执行,都是曾被誉为"中国第一执行局长"杨贤才创制的,而且这些新举措也确实收到了一定的效果,当时广东省已连续几年执结案件标的额居全国第一位。但是这种做法之后也被证实,是在为杨贤才的"潮汕小圈子"谋福利——当时潮汕地区和粤西基层法院的执行法官,长期驻扎在广州及珠三角一带,等着执行案件分下来。再比如,成都中院 2005 年即在全国率先成立执行裁判监督庭,专门负责执行裁判权的行使和对重大执行事项进行监督,但 4 年后,提出这项改革举措的成都中院执行局却成为执行腐败的重灾区,包括局长、副局长(副庭长)、审判员、助理审判员共 6 人,皆因受贿被判刑。而且,即便是在当前反腐如此严厉的高压态势下,执行腐败问题依然突出。例如,2015 年 10 月,原汕尾市中院党组成员、执行局局长陈俊鹏就因帮毒枭解冻资金,被控受贿。

实际上,权力唯其有限,才会有效。法院作为司法机关其本职应是司法裁判,执行本应是对司法裁判结果的强制性实施方式,目前法院将裁判权与执行权集于一身,这并不是不同类型权力的简单相加，而是因多种权力集于一身极易造成权力的滥用，导致"化学反应式"的权力失控。特别是在"自己裁判、自己执行、自己监督"的体制下，权力已经自成体系形成外部难以介入的"黑洞"，实践中执行腐败问题比司法工作的其他方面更为突出，腐败案件时间跨度更长、更难以纠正，即证明了这一点。

二 理论阐释：审判权与执行权的性质辨析

从理论上说，论证审执分离的改革基础必然涉及审判权与执行权的性质问题，因为权力的性质决定权力载体的组织构造和运作方式。执行权到底是一种什么性质的权力，即执行权的属性问题，成为近年来强制执行理论研究中的一个重大问题，也是理论界和实务界普遍关注的一个热点问题。在学界看来，强制执行权的性质直接决定了权力的机构设置模式、运作的目标价值。但是，对于民事执行权理论问题的研究，西方国家的学者并不感兴趣，西方学者对民事执行权配置的研究更多的是从实证分析的角度去考察。例如，英国大法官办公室通过发布大量的咨询文件及报告的形式对其执行程序的运行状况进行评估，但这些文件或报告的分析主要是实证式的，并不涉及对执行权的概念及其性质等执行权基础理论的探讨。我国法学界关于强制执行权属性之争，是在我国执行制度改革和完善执行机构的历史背景条件下提出来的，因而这种学术探讨、争议的目的，不仅仅在于从理论上认识执行权的性质和特征，其更重要的实践意义还在于合理地设置我国的强制执行机构。可以说，有关这一问题的出现与执行机构的设置，特别是审执分离的改革方向和路径是存在密切联系的。

(一) 审判权的性质、特征

关于审判权的性质，学界都一致认同审判权是司法判断权，作为一种判断权，其目的在于对当事人双方的争议依法作出评判，确认双方的权利义务关系，构成这种权力的核心内容是认定事实和适用法律的权力，而不是采取强制措施的权力。

作为司法判断权，审判权具有以下几个根本特征。

1. 被动性

即审判权的行使必须是被动的，审判权不能主动干预社会生活，司法机构不能将一个尚未提起诉讼要求的案件进行裁判，这也就是通常所谓的"不告不理"。司法机关只有被动地行使审判权，才能真正在争议各方之间保持中立和不偏不倚的地位。同时，审判权的被动性为限制国家权力、保护公民权利提供了程序性机制。

2. 中立性

即审判权不是为了维护某种权力或权利，而是为了裁判讼争的需要而产生的，裁判案件的人员必须在发生争执的对立各方之间保持居中的、不偏不倚的地位，完全依据法律规定和良心对争执作出裁判。审判权的中立性决定了司法机关和司法人员在根本上只代表公正和正义，而不代表任何一方的利益。

3. 独立性

即审判权不受来自其他国家权力的任何阻碍、影响或干涉。审判权的独立性往往具体表现为司法机关的地位独立、司法活动独立以及司法人员的职务独立。在外部关系上，司法机关不依附于其他国家机关，在内部关系上，司法机关之间没有上下级的主从、隶属关系；司法机关在行使审判权进行裁判活动时，只服从法律，不受其他国家机关、社会团体的干预、影响或控制；行使审判权的人员形成一个相对封闭的职业化团体，他们在身份和职务上相互独立，不受其他组织或人员的干预或影响。

4. 专属性

审判权只能专属于一定的机构或人员，同时，代表国家行使审判权的机构和人员必须亲自行使权力，不能像行政权一样可以委托或授权他人行使；裁判争讼的人员必须亲历审理现场，不像行政权一样可以在听取口头或书面汇报的基础上作出决定。

5. 终局性

即经审判权对争讼作出生效裁判之后，非经法律明确规定，当事人不得再提起争执，裁判机关也不得再次对案件进行审理[14]。

（二）执行权的性质、特征

民事执行与民事执行权是两个既紧密联系又有所区别的概念。民事执行是执行机关行使民事执行权的活动，而民事执行权本身是一种抽象的国家权力，需要通过民事执行来具体地实现。国内学者对于民事执行权的性质，学界分歧较大，尚未形成通说。具有代表性的主要有以下几种观点（见表1）。

表1　民事执行权的性质

观点	主要内容
司法权说	审判权和执行权都是法院司法权的组成部分
行政权说	民事执行是一种单纯的行政行为

---

[14] 关于论述审判权的性质与特征的文献很多，见徐显明《司法改革二十题》，《法学》1999年第9期；孙笑侠：《司法权的本质是判断权——司法权与行政权的十大区别》，《法学》1998年第8期，等等。

观点	主要内容
复合权说	司法权和行政权有机结合构成了复合的、相对独立的、完整的强制权
独立权说	执行权是一种司法权和行政权之外的边缘化国家权力

第一种关于民事执行权是司法权的观点，曾长期在我国理论和实务界占主导地位，这与我国司法实践中民事执行在机构配置上一直都作为民事审判工作的延伸和附属存在有关。这种观点最典型的表述是，民事执行权是由法院行使，而法院是司法机关，因此民事执行权的性质是司法权；或者表述为，民事执行权和民事审判权都是法院司法权的组成部分，没有强制执行权作为后盾的审判权是不完整的，执行程序与审判程序有机结合在一起共同构成民事诉讼程序[15]。

第二种观点认为，民事执行权是行政性权力。这种观点最早开始于 20 世纪 90 年代，此说认为，由于民事执行具有确定性、主动性、命令性、强制性等特征，因此民事执行是一种行政活动，民事执行权本质上是一种行政权[16]。

第三种观点是复合权说（又称折中说），认为民事执行权既不是一种纯粹的司法权，也不同于一般的行政权，而是处于二者之间的一种复合型权力。这种观点代表了当前我国理论界和实务界的主流思想，在对民事执行权定性的各种学说中占有主导地位，而且是法院系统的"官方观点"。例如，高执办曾撰文称，"强制执行权具有司法权和行政权双重属性，在执行工作中，司法权和行政权的有机结合构成了复合的、相对独立的、完整的强制执行权"。根据复合权

---

[15] 江伟、赵秀举：《论执行行为的性质与执行机构的设置》，《人大法律评论》2000 年第 1 辑。
[16] 孙小虹：《体制突破：执行工作新思路》，《云南法学》1999 年第 1 期。

说,将民事执行权划分为执行实施权和执行裁决权[17]。

第四种观点认为,民事执行权是一种具有独立性的权力。这种观点摆脱了传统的司法权说和行政权说,认为尽管从基本特征看,民事执行权既有司法权的被动性,又具有行政权的单向性,但并不能因为这些特征而简单地将其归入行政权或司法权的范围,它是一种相对独立的、处于司法权与行政权边缘的国家权力[18]。

上述四种观点,司法权说、独立权说和复合权说都存在各自的不足。首先,司法权说所依据的理由主要是我国现行的执行制度设计,即人民法院是我国目前唯一的执行机关,但如果就此推论出民事执行权是司法权则实属颠倒因果关系,本末倒置。因为按照逻辑顺序,应当是先对执行权的性质有了正确认识,然后再根据权力的性质将其配置于相应的国家机关,即执行权的性质决定执行机关的设置,而不是执行机关的设置决定执行权的性质。某种权力的类别取决于该权力本身的属性和内容,而不取决于该权力的行使机构或规范该权力的法律。从属性和内容看,民事执行作为一种实现民事权利的手段,与以诉辩、裁判为核心的民事诉讼有本质的区别已经成为人们的共识。执行权是一种实现权,具有确定性、强制性和主动性,完全不同于具有中立性、被动性、终局性的司法权。

而独立权说所主张的,是一种边缘性的、独立的权力,在否定民事执行权是单纯的司法权或行政权的同时,新创设了一种"处于司法权和行政权边缘的国家权力"。但是,该学说主张在立法、行政、司法"三权分立学说"之外创设新的第四种权力,又是界定不明的边缘性权力,这种观点新颖但缺乏理论依据。

---

[17] 高执办:《论执行局设置的理论基础》,《人民司法》2001年第2期。
[18] 谭秋桂:《民事执行权定位问题探析》,《政法论坛》2003年第4期。

(三) 对复合权说的分析

就复合权说来看，此种观点在当前我国法学理论界及实务界均颇为流行，也是最高人民法院《关于执行权合理配置和科学运行的若干意见》及开展审执分离改革试点的理论依据。在高执办所撰写的一系列有关执行改革的文章中，始终认为民事执行权是一种相对独立的、具有复合权性质的权力，即由行政权性质的执行实施权和司法权性质的执行裁判权所构成。

复合权说主张执行权由具有司法权属性的"执行裁判权"和具有行政权属性的"执行实施权"构成。其理由是，从强制执行的开始到终结，无论是国外还是国内，从总体上来看，执行程序中既有执行人员的行为，也有法官的行为，这一系列行为的总和构成了一个完整的执行工作。其中，执行人员行使的职权具有行政权特点。例如，调查、扣押、冻结、拍卖被执行人的财产，向当事人送达有关法律文书等。而法官对执行中当事人实体权利争议进行裁判的职权应当是司法权。由于执行工作中不可避免地行使司法权，执行权必然同时复合了行政权与司法权。

但是，持复合权说的论者之所以会得出民事执行权包含"执行实施权"和"执行裁判权"的观点，是因为他们将"民事执行权"和"民事执行程序中的权力"这两个概念混同，用"执行裁判权"替换了"执行程序中的裁判权"，进而得出了民事执行权包含有司法权性质的"执行裁判权"这一结论。

然而其实在执行程序中运行的裁判权和审判程序中的裁判权其性质是完全一样的，没有任何区别。实际上，执行实施权和裁判权在执行程序和审判程序中的交替运行，并不会影响它们各自的行政性和司法性的权力属性。因此，不能因为裁判权出现在执行程序中，如对执行异议、案外人执行异议之诉进行裁判，就错误地认为裁判权是执行权的组成部分。这里需要强调的是，在执行程序中行使裁判权和执行权中包含有裁判权完全是两个概念。执行中的裁判行为依然是法院司法权的体现，执行中的裁判权并不能等同于执行裁判权。

由此可见，无论是审判程序还是执行程序，裁判机构和执行机构都各自行使其职权。它们各自在权力来源或目的任务方面都存在根本区别，用审判权来吸收执行权或者用执行权来吸收审判权，都是不可能的，都与它们各自的本质属性相违背。不可能把它们各自行使的职权混为一谈，构成所谓的"复合性权力"。而在目前学界和实务界，之所以会有执行权是复合权说，实际上只是从目前法院集两种权力于一身的复合现实出发，然后再由此推导出执行权具有双重性，从而论证法院拥有执行权的合理性，这种论证其实不过是一种循环论证而已。

基于上述分析，我们认为，民事执行权既不是司法权，也不是一种独立性权力，更不是一种具有司法性和行政性双重属性的复合性权力，不能被拆分为所谓的"执行实施权"和"执行裁判权"。民事执行是对已经生效的法律文书的内容进行"实施"，使债权人的权利从纸上变为现实，这种"实施"是执行权的全部内涵和根本任务，因此执行就是实施，执行权就是实施权，它是一种典型的、单纯的行政性权力。

三 路径选择：审执分离体制改革的目标与价值取向

通过前述的分析我们看到，执行权作为实现生效法律文书的强行权，执行的依据来自法院审判，但其性质属于行政权，因此在权力运作规则上完全不同于审判。我国由于有长期实行"审执合一"的传统,不能全面把握执行制度的基本规律,使得民事执行体制在运作中出现了一系列问题,改革势在必行,这也是司法改革提出执行权和审判权分离的背景和基础。

（一）审执分离改革的内分与外分之争

内分说作为在法院系统占主导的观点,其依据是执行权的复合权说,即由于民事执行权中包含了执行实施权和执行裁判权,因此,民事审判权与执行权历来被视为"车之两轮、鸟之双翼",须臾不可分离。将执行权中的判断性权力和实施性权力交由不同的机关行使,对于当事人来说增加了执行的成本和负累,对于执行机关来说,也降低了执行的效率。鉴于执行实施权与执行裁决权均与审判权存在密切的联系,将执行实施权交给法院以外的行政机关行使,甚至可能导致司法机关和行政机关之间相互踢皮球,减损司法权威。另外,从改革成本来看,我国已经形成了司法性的执行体制,另起炉灶重新设置一套截然不同的行政性执行体制,需要付出很大的制度成本[19]。

外分说则根据权力分立的原则,主张应当将行政性的执行权从行使审判权的法院中剥离出来,使审判权和执行权按照司法权和行政权各自不同的机制运行,这样才符合民事执行制度设置的规律。

对于外分说,持内分说的论者基于执行权的复合权说提出的批判是,即使将执行权从人民法院的职权中剔除出去,人民法院内部仍然存在与审判权格格不入的司法行政事务管理权,如审判管理事

---

[19] 江必新、刘贵祥:《审判权和执行权相分离的最优模式》,《法制日报》2016年2月3日;肖建国:《民事审判权与执行权的分离研究》,《法制与社会发展》2016年第2期。

务等司法行政管理权,尽管其具备鲜明的行政属性而应当与审判权适当分离,但行使法院司法行政管理权的主体无论如何都必须在人民法院内履行相应的职责。因而,以执行权属于行政权作为执行机构应当外置于人民法院的理由,似乎并不具备充分的理论说服力[20]。

在此需要明晰的是,司法行政事务管理权是附属于审判权、围绕着审判权而设置的辅助性权力,此种行政权的存在旨在服务于审判权,离开了审判权就没有司法行政事务管理权立足的基础和运行的空间。但是,民事强制执行制度作为运用公权力强制实现生效法律文书的活动与程序,民事执行权是在审判终结后独立运行的权力。执行既不是审判的附庸也不是审判程序的延续,执行独立于审判而存在,执行程序的目的任务、价值取向、内容与运行方式都与审判存在根本不同。民事审判程序的作用在于确定权利,民事执行程序的作用则在于实现权利。从某种意义上说,实现权利的执行程序比确定权利的审判程序更为重要,因为经过审判程序确定的权利如果不能实现,则法院裁判形同具文,那么国家的公力救济制度以至于整个法律制度都会因其形同虚设而受到怀疑,严重影响社会的安定与发展。正是由于执行程序具有如此重要的地位,因此审执分离的意义是在于保障执行程序的独立地位和功能,否则执行程序无法发挥其应有的作用。

事实上,我国的民事执行机构由于一直设在法院内部,执行机构不具有独立性,其组织地位模糊,受"重审轻执"这一根深蒂固传统观念的影响,且执行并非法院的主业,因此在法院内执行业务永远不可能与审判同日而语,法院内的执行部门无论在人力还是在物力上都无法得到最优配置[21]。最高人民法院要求执行机构的人数为

---

[20] 肖建国:《民事执行权的司法权本质之我见》,《人民法院报》2008年10月31日。
[21] 褚红军、刁海峰、朱嵘:《推动实行审判权与执行权相分离体制改革试点的思考》,《法律适用》2015年第6期。

法院控编人数的15%，这已从根本上制约了我国现行民事执行体制的科学构建和长远发展，必须对此加以改革创新。实行审判权和执行权的彻底分离，将影响法院中立性的执行工作从法院系统中彻底分离出来，既有利于审判权的独立成长，同时也有利于建立专业化的执行机构和执行队伍，真正解决执行难、执行乱问题。因为执行难、执行乱形成的深层次原因之一正在于执行体制的非独立性，以及由此带来的执行权的边缘化和疲软化。

（二）执行体制改革的价值取向与合目的性分析

执行体制改革应当具有正确的价值取向，各项改革举措都要合目的性。整体说来，审执分离无论怎么分，执行改革无论怎么改，都应当在价值取向或目的性追求上观照三个方面：①体现执行权的性质，遵循执行活动自身的基本规律；②真正有利于实现当事人的权利，规范执行行为，维护人民群众的合法权益，维护司法公正；③符合司法权独立于行政权的发展方向，即司法的去地方化、去行政化和司法的职业化[②]。

自21世纪初开始的执行改革，通过设立上下级法院"统一管理和协调"的执行局管理体制，以强化在法院执行工作中的整体部署和领导，即实现上级法院要统一管人、管事、管案的要求。现行的"深化内分"式改革仍然是基于这个模式，进一步强调上级法院对下级法院的统一指挥、统一管理、统一调配。这样就产生了一个逻辑上的问题：作为法院一个组成部分的执行局，在上下级之间实行的是领导和被领导的行政关系模式，但宪法、法院组织法和三大诉讼法都明确规定，上下级法院之间是审级监督而非领导与被领导的关

---

② 张志铭：《民事执行改革的几个理论问题》，《人民法院报》2003年1月24日。

系，目的在于保证各级法院的审判独立和两审终审制的实现。由于种种原因，我国法院长期以来已形成十分严重的司法权力系统行政化现象，如下级法院判案之前向上级法院请示，法官判案之前先征询法院领导的意见等，不仅使得法院上下级之间的审级监督关系被虚置，而且直接侵害了当事人的审级利益和诉讼权利。破解司法的行政化与地方化，规范上下级法院的关系、保障法院依法独立行使审判权，正是当下司法改革所要着力解决的重大问题。那么，在强调纯化司法权的改革路径下，又全面增强以行政化方式确立的上下级法院执行局的领导关系，是否适当？而一项改革举措不仅没有弱化反而强化了司法的行政化色彩，那么只能说明它在价值取向上存在问题。

很显然，上下级法院执行机构之间的行政领导关系与上下级法院之间独立、仅存在审级监督的关系性质迥异，但在内分式的改革下，这两种关系被捆绑在一起，不仅使上下级法院之间应有的独立关系因此被消解在行政隶属关系中，而且根本违背了我国司法改革的总体方向。在这种情况下，如果仍然将行政权性质的执行实施权交予法院掌握，明显不利于现在正在进行的以法官独立判案为核心的司法改革，让法院在行使行政权和司法权的角色中不断转化，只会让已经十分混乱的司法权运作状况更加恶化，造成执行权与审判权运行双重扭曲的困局，不利于维护司法公正。

因此，从执行体制改革的价值取向与合目的性分析来看，法院现行"深化内分"的改革路径与司法体制改革之间存在严重的内在冲突和紧张关系。

第一，法院保留了执行这项非核心业务，不利于彻底净化法院的裁判业务，不仅以前存在的各类执行问题仍有可能发生，而且也无法更好地树立法院中立形象，特别是难以从根本上消除执行给审判带来的不利影响。就保证法院依法独立公正行使审判权的改革目标而言，这种法院内部的"审执分离"模式并非最好的选择。

第二，审执不彻底分离，审判权与执行权的界限就难以划分得十分清楚。不仅在强化执行权、解决执行难、执行乱等方面的力度不足，而且如果执行机构的权限不清，特别是关键的纷争性事务未能清晰地划归审判权处理，执行中的裁决性结论就会出现正当性不足的问题，无法从根本上解决执行不公、执行救济问题。

第三，相对分离后的执行机构仍留在法院，其内部的领导负责制，以及实行的上下级执行局之间统一管理、统一协调的行政化运行模式，与审判权的运行体制难以兼容。这样，执行权的行政化倾向和行政化运行模式，不可避免地与法院的整体性质相冲突，与法院"去行政化"的司法改革目标相左。这些都有可能成为影响法院审判权依照其自身规律运行的不利因素，给当下进行的司法体制改革带来直接的、持续性的负面影响。

结语 回到四中全会《决定》上来

在四中全会《决定》中，从有关审执分离改革的文字表述所处位置看，是位于标题"保证公正司法，提高司法公信力"的第四部分、以"优化司法职权配置"为导语的第（二）节。从合目的性的角度解读，审执分离改革在司法改革的大框架下提出，与其他举措一样，都旨在着力破解影响法治社会建设的体制机制障碍，都要服从"保证公正司法，提高司法公信力"的司法改革总目标。正如习近平总书记在《关于〈中共中央关于全面推进依法治国若干重大问题的决定〉的说明》中指出的，"当前，司法领域存在的主要问题是，司法不公、司法公信力不高问题十分突出，一些司法人员作风不正、办案不廉，办金钱案、关系案、人情案"，"司法不公的深层次原因在于司法体制不完善、司法职权配置和权力运行机制不科学、人权司法保障制度不健全"。由此可见，审执分离体制改革的目标，在于通过审执分离改革，完善司法体制，"保证公正司法，提高司法公信力"。

内分式改革下的"审执分离"只是法院的审判业务庭与执行局的分离，这种分离21世纪初即已开始，迄今持续十余年。在此期间，执行中的不公正问题时有发生，执行腐败已成为司法腐败的重灾区，引起了全社会的普遍关注。当然，不应否定法院这些年在解决执行难问题上付出的努力和取得的成绩，但从解决执行难具体而有效的措施来看，执行难问题的解决与审执的内分模式并无必然联系，而内分模式对执行不公正和执行腐败问题的解决，却存在体制性的牵制，难以有效推进问题的解决。实践中，执行乱、执行腐败问题依然得不到有效防治，即为明证。

民事执行体制改革的目标导向应当是有利于维护人民群众合法权益，有利于促进司法公正，有利于提高司法公信力。在目前的审判权与执行权都内置于法院的格局下，法院自审自执，人民群众没有畅通的司法救济渠道对侵犯其权益的法院执行不公等行为提出诉求，这直接影响了司法公正、降低了司法公信力。现阶段，法院统一行使审判权与执行权，已经成为影响司法公正、制约司法能力的深层次问题，必须破解这一体制性、机制性、保障性障碍。权利救济制度是否完备、权利救济渠道是否畅通决定了权利保护的真实性和有效性，只有实现审判权对执行权的有效制约，才能完善对权利的司法保障和对权力的司法监督，真正让人民群众在每一个司法案件中都能感受到公平正义。

总之，顺应党的十八届四中全会提出的审判与执行相分离的大趋势，从坚持问题导向、解决突出问题出发，只有以保障公平正义为根本目标的解决思路、以解决制约执行公平正义的根本体制问题作为改革思路，才能真正实现审执分离改革之固本清源、长治久安之效。要有效解决执行难、执行乱、执行腐败等问题，促进执行公正，提高执行效率，维护司法公信力，必须实行执行权外部分离模式，探索建立健全统一的国家执行体制。

Abstract: Based on the analyses on the problem of "Hard to Execute Civil Judgement" from different perspectives in current China, the author summarizes the systemic drawbacks of civil judgement execution mechanism. Incorporating execution power into the trial court's adjudication power, it not only distorts the operation of trial court's adjudication power but also provides rooms for judicial corruption, and impedes the parties' petition rights. The nature of execution power is executive power which is completely different from the court's adjudication power. The reform approach is to separate execution power from the court and explore to establish the civil judgement execution branch outside of the court.

Key words: Adjudication Power; Execution Power; Hard to Execute Judgement; Seperation of Adjudication Power and Execution Power

【论文】

从法治评估到评估法学：以地方法治指数为例

滕宏庆[*]

摘　要：21世纪初法治评估在世界和中国同时起步，法治评估的核心是对照法治指标体系（法治指数）科学地统计国家和地方法治的主观评价和客观评价，测量法治实效，进而导引法治建设。地方法治指数及其实现在法治评估中具有重要的微观价值，而前提必须是完整解释地方、法治、指数三个关键概念，再经由实证比较分析中国当前地方法治指数典型实现的优劣差别，提出评估法学新学理视域下地方法治评估的创新续造：以公信为目标的评估主

---

[*] 滕宏庆，华南理工大学法学院教授，院长助理，广东省法学会重点法治基地"法治评价与研究中心"执行副主任。法学博士（武汉大学，2006）、法律与政府学 LL. M（美国华盛顿法学院，2008）、印度德里国家法律大学（NLU）访问学者（2009）、挪威人权研究中心（NCHR）客座研究员（2014）、香港中文大学（CUHK）访问学者（2015）。本文系2017年度华南理工大学中央高校基本科研业务费智库项目"珠三角湾区城市群法治评价指数及其实现"和2017年度广州市社科联哲学社会科学规划课题项目"全面依法治国背景下广州市法治指数及其实现"阶段性成果。

体重塑、以真实为前提的评估数据校正、以统分为基础的评估指数标准协同。

关键词： 法治评估　评估法学　地方法治指数

肇始于21世纪初的法治评估在世界和中国几乎同时起步，法治评估的核心是对照法治指标体系（法治指数）科学统计国家和地方法治的主观评价和客观评价，测量法治实效，进而导引法治建设。固然，从外在来说，法治评估反映了近些年来经济学、统计学等"定量"社会科学强势冲袭政治学、法学等"定性"社会科学的现象，其成功代言者是百年时间完善的政府绩效管理，已然获得了全球学术认可和开放应用。如今这一趋势更加不可逆，学科交叉继续扩大深入，法学无法独善其身。法治评估仍然要从内在来说，在事实和规范之间往返流转的法学是否具有科学性自始至终一直都备受质疑，而当下价值多元与虚无主义并存的大时代要考量法治精义愈加困难重重，但现代民主代议制中无论是供应者（国家）还是消费者（公民、企业、组织等）都有权及时获悉法治的成本与收益，而这恰恰是法学需要呼应现实继而内生出法治评估的强大动因。所以，在内外契机融合之时，中国法学应当树立理论自觉和理论自信，着力于跟世界同步的法治评估发展进而开创出评估法学，用中国评估法学理论回答中国法治问题，也为人类法治文明的进步提供中国思想、中国价值。评估法学与自然法学和实证法学等其他法学学派最大的不同在于其现代性和科技性，它依照法治的量化产出测评来判断法治的储备运行绩效，这种结果导向的法学分析不但能够测量法治要素的实效，而且能够回应法治价值塑造有效的法治供给问题。毋庸置疑，这种数字化法学研究的关键之一是法治评估指数的设定和赋值，本文便以地方法治评估指数为例，阐述国内外法治评估浪潮中地方法治评估指数的概念、特征和意义，以及评估法学视域下地方法治评估指数的学理争议和实践解决，最终为构造从法治评估到评估法学的中国法理学派提供个例支撑。

一　法治评估中的地方法治评估

地方法治评估是法治评估中的一个分支，不论是附带性的法治评估还是专门性的法治评估，在世界上兴起都较为晚近。中国1999年《宪法》中载入"建设社会主义法治国家"条款后，也便展开了法治评估的一系列工作，尽管从国家到地方法治评估的具体实践表征各异。

（一）国际法治评估的学术背景及代表类型

法治评估并非流行一时的昙花乍现，首先而言，法治作为全人类社会共享的优良治理理念和制度千百年来得到广泛传播与实行，尽管各个国家的法治实现多样多元，但尝试找寻通行的法治精义从未停止。换言之，推行法治本身就需要界定法治和对应法治，所以，法治评估是法治国家的应有之义。其次，评估法治务必客观公允，但传统法学理论中的概念体系、教义逻辑和规范分析更加胜任价值评判及合法合理性审查，这种价值理性毕竟欠缺科技理性，而法治评估正是通过实证范式回答规范范式的补强途径。这种学科自省同时也是学科交叉，尽管更多表现为一种被动交叉，尤以20世纪60年代后法经济学的风行扩张为代表，当然受到冲击的不单是法学。再次，建基于民主法治之上的政府要对人民负责，二战之后现代民族国家奉行"数字管理"（mathematical management），结果导向注重成本投入与实际收益,正义获得是否可计算固然聚讼纷纷,但法治的施行离不开代价和成本是不争的事实。因此,现代、后现代各种民主制度都主张信息公开、财政透明和协商交往,绩效评价则既可以监督国家滥权也可以防止戕害民利,法治评估过程则要保证公民的知情参与和监督表达的权利。从此意义讲,法治评估是21世纪民权的一种新诉求、新表达。

国际上对法治评估的研究始于1968年美国学者伊万建立的包括70项具体指标的法治评估体系[①],随后学界出版了各种法治指数或评估的方法论文献。但直到21世纪初,由一些国际知名非政府组织陆续担纲发布了法治评估报告,才真正将法治评估置于学术与实务的聚光灯下。尽管早期的法治评估仍旧是掩盖在"治理""自由""民主治理""转型"和"廉正"等理念下的附带性评估内容,如世界银行2005年发表名为《国别财富报告》的评估报告,"法治指数"的概念首次被提出用来表述和评判一国人民守法意识的意愿以及对该国法律制度的信任程度。在该报告中,法治指数主要为说明国家财富与法治程度的关联度而存在,根据当时世界银行的研究,一国约57%的无形资本价值由其法治程度决定,约36%的无形资本价值则由学校教育所决定。2006年世界银行在衡量分析国家的资本财富时再次将"法治指数"作为财富增长的基础支撑部分。随后,作为独立性评估的法治评估则开创于2006年[②],由美国律师协会、

---

① 戢浩飞:《法治政府指标评估体系研究》,《行政法学研究》2012年第1期。
② 最早出现专门性的法治评估是美国国际开发署实施的一项法治评估,该机构是美国对外援助政策最主要的执行机构,它对援助国的法治状况和援助成效需要进行评估,以确定未来的援助重点和任务。所以,美国国际开发署为实施它的对外援助项目提供一个客观评估标准,在20世纪90年代建立了"民主与治理评估框架",在这个框架中包括了6项指数,其中第一项指数就是"法治指数",它的内容包括"通过宪法与法律的改革、促进和保护人权、司法改革以及公平行政来促进法治,它是正义与人权的基础"。

联合泛美律师协会、泛太平洋律师协会等律师组织发起成立"世界正义工程",将"法治指数"明确为判断和衡量一个国家的法治状况及其程度的量化标准和评估体系。2008年7月"世界正义工程"发布了第一个法治指标体系(1.0版)(见表1),并在阿根廷、澳大利亚、哥伦比亚、西班牙、瑞典和美国的大城市中进行了测试[③]。2016年10月20日,"世界正义工程"最新发布了对113个国家和地区的第六个年度法治指数报告[④]。另一具有国际影响力的相对独立性法治评估是2008年联合国维和行动部(DPKP)、联合国人权事务高级专员办事处(OHCHR)与联合国政治事务部、法律事务部、儿童基金、发展规划署、妇女发展基金、难民署、毒品和犯罪问题办公室、世界银行联合发起的联合国法治指标项目(The United Nations Rule of Law Indicators Project),其宗旨在于辨认相关国家法治部门面临的优势和挑战、协助相关国家的法治改革。联合国法治指标项目以警察、司法、监狱等三个系统为维度,针对该系统的表现、正义性、透明度、问责制度、弱势群体待遇及其能力,将135项因素归纳至若干分类中。2011年,这一指标体系正式发布[⑤]。概言之,保有独立或具有相对独立特征的专门性国际法治评估虽然启动时间弥新,但凭借法治自身强大的号召力和学科交叉研究的突出优势,正逐渐开拓出法治评估在学术和实务上的崭新重要领域。

[③] 孟涛:《法治的测量:世界正义工程法治指数研究》,《政治与法律》2015年第5期。
[④] "世界正义工程"项目法治评估的对象近年来逐渐增加:2012~2013年为97个国家和地区,2014年为99个,2015年为102个。自2012年后虽然法治指数包含九个一级指标,最后的"非正式司法"指标尽管有所统计,但一直没有计算进入总分数和排名分值,主要原因是该制度的高度复杂性和难以公正有效的测量。
[⑤] *The United Nations Rule of Law Indicators Implementation Guide and Project Tools*, United Nations publication 2011, pp. 3-4, http://www.un.org/en/peacekeeping/publications/un_rule_of_law_indicators.pdf.

表 1 "世界正义工程"历年法治指数

2008 年 1.0 版	2009 年 2.0 版
1. 政府及其官员、代表的权力，受到宪法或其他基本法的界定与限制，无论这些法律是否成文 2. 政府及其官员、代表的权力，受到政府和非政府的制约 3. 政府受到其加入的国际法协议的制约，以及国际惯例的制约 4. 政府及其官员、代表遵守法律 5. 法律明确、公开而稳定 6. 法律是公正的 7. 法律保护基本权利 8. 法律保护个人安全 9. 法律保护财产安全 10. 法律制定、实施与执行的程序能够被公众接受 11. 法律被公平而高效地实施与执行 12. 执法的官员、律师或代理人、法官是能干、独立、有德行的，他们人数充足，有充分的资源，体现了他们所服务的共同体构成 13. 任何人不管其经济或社会地位如何，不论其种族、肤色、种族或社会出身、国籍、外国身份、宗教、语言、政治观念或所属派系、性别、婚姻状况、性取向或性别认同、年龄、残疾如何，都不得禁止其接近司法	1. 政府权力受到宪法限制 2. 政府与非政府的制约 3. 负责的政府官员与代表 4. 负责的军官、警官与狱官 5. 遵守国际法 6. 法律清晰、公开而稳定 7. 法律保护基本权利 8. 法律保护个人安全 9. 法律保护财产安全 10. 可接近的程序 11. 公平而有效的执行 12. 公正而负责的司法 13. 高效、可接近而有成效的司法 14. 能干而独立的律师和代理人 15. 公平而高效的替代性纠纷解决 16. 公平而高效的传统司法

续表

2010年3.0版	2011年4.0版	2012~2013年5.0版	2014~2016年6.0版
1. 有限的政府权力 2. 腐败的缺席 3. 清晰、公开而稳定的法律 4. 秩序与安全 5. 基本权利 6. 开放的政府 7. 监管执行 8. 接近民事司法 9. 有效的刑事司法 10. 非正式司法	1. 有限的政府权力 2. 腐败的缺席 3. 秩序与安全 4. 基本权利 5. 开放的政府 6. 有效的监管执行 7. 接近民事司法 8. 有效的刑事司法 9. 非正式司法	1. 有限的政府权力 2. 腐败的缺席 3. 秩序与安全 4. 基本权利 5. 开放的政府 6. 监管执行 7. 民事司法 8. 刑事司法 9. 非正式司法	1. 有限的政府权力 2. 腐败的缺席 3. 开放的政府 4. 基本权利 5. 秩序与安全 7. 民事司法 8. 刑事司法 9. 非正式司法

（二）国内法治评估争论中的央地实践

1997年党的十五大将过去"建设社会主义法制国家"的提法改为"建设社会主义法治国家"，极其鲜明地突出了对"法治"的强调；1999年全国人大通过宪法修正案载明了"实行依法治国，建设社会主义法治国家"这一重要条款，赋予其最高的法律地位和法律效力；党的十六大、十七大报告提出要形成和完善"中国特色社会主义法律体系"；2011年10月27日国务院新闻办公室发表《中国特色社会主义法律体系》白皮书，标志着中国特色社会主义法律体系已经形成；2012年党的十八大明确提出依法治国是中国共产党领导人民治理国家的基本方略，法治是治国理政的基本方式，全面推进依法治国；2014年党的十八届四中全会通过《中共中央关于全面推进依法治国若干重大问题的决定》，首次以全会的形式专题研究部署全面推进依法治国这一基本治国方略；2015年党的十八届五中全会将"全面依法治国"确定为"四个全面"的战略布局之一。这一系列重要文献表征了法治从理念到制度正在中国坚定生根并且快速成长，然而法治建设既需要质化的研究提供指导，也需要量化的研究进行检测。20年来，法学界在法治的本体论和方法论研究方面，即法治的内涵、价值、理念、原则、规则及其实施保障方式等方面都有较为丰富的成果，但是关于中国法治实现程度、实施效果、实际导向、实在状态、实用革新等法治评价方面的探讨都还只是处于起步阶段。

目前国内学者大多对法治评估持肯定态度。学者们的观点集中于"为什么要进行法治指标评估""如何进行法治指标评估"等方面，有学者从法治基本理论出发，对法治评估的前提、正当性和功能作出论述[6]，也有学者关注全国性或区域性法治指标的设计与推行[7]。正如张文显教授所指出的，法治评估虽然是一种对现状的评价，而它的价值更在于对法治建设的指引、引导[8]，这可谓法治评估支持者的一个共识。而质疑者多对指标设立的条件和功能，法治评估的本土化操作，以及对当前推行的法治评估是否能够反映中国法治状态，法治评估方法是否真实有效等问题存有质疑，但也非绝对的摒弃法治评估模式。

较之学界的争议与讨论，法治评估敢于"试水"，首先在中国央地各级政府中间悄然出现。专门的法治政府评估活动始于2004年国务院《全面推进依法行政实施纲要》的颁布，此后接续还有2008年《关于加强市县政府依法行政的决定》、2009年《关于推行法治政府建设指标体系的指导意见（讨论稿）》，2010年《关于加强法治政

---

[6] 前引①，戢浩飞文；参见包万超《法治政府的标准及其评估体系》，《湖南社会科学》2013年第2期。

[7] 参见袁曙宏、Liao Zhenyun《构建中国法治政府指标体系》，《中国法律》2007年第1期；廖奕：《法治如何评价——以地方法治指数为例》，《兰州学刊》2012年第12期；钱弘道：《余杭法治指数的实验》，《中国司法》2008年第9期。

[8] 《中外专家为法治评估建言献策——"法治评估：普遍性与特殊性"国际研讨会综述》，《法制日报》2014年6月4日，第12版。

府建设的意见》，短短几年间从省级政府到市级政府再到县区级政府纷纷积极响应，制定了各自的法治政府建设评价体系（见表2）。2013年党的十八届三中全会首次提出"建立科学的法治建设指标体系和考核标准"的重大任务。2014年党的十八届四中全会又把法治建设成效作为衡量各级领导班子和领导干部工作实绩的重要内容，纳入政绩考核指标体系。2015年12月中共中央、国务院印发了《法治政府建设实施纲要（2015~2020年）》，确定了法治政府建设的时间表和路线图，尤其明确要充分发挥考核评价对法治政府建设的重要推动作用。2016年12月中共中央办公厅、国务院办公厅又印发了《党政主要负责人履行推进法治建设第一责任人职责规定》。这都为当下国内法治评估的全面兴起注入了"强心剂"，既为此前已经在全国各地开展的法治评估实践点题正名，也为将来实施法治评估工作的意义与方向作出了基本安排。与此同时，2015年《立法法》修改新增了"法律草案评估"和"立法后评估"两大评估机制，再结合地方立法权扩容，将源于20世纪80年代的执法检查以及一些地方已经开展的立法回头看、立法评测等成功经验提升为规范的立法评估制度，从而进一步丰富了法治评估的实践领域。目前最具挑战性的是司法绩效评估，虽然中国宪法赋予了司法机关依法独立行使审判权和检察权等特质化地位，但直到2014年底最高人民法院才取消对全国各高级人民法院的考核排名。2015年初中央政法委也要求，对各类执法司法考核指标进行全面清理，坚决取消刑事拘留数、批捕率、起诉率、有罪判决率、结案率等不合理的考核项目。然而，类似的良性整改却引发了废除还是完善司法绩效考核的热点争议⑨。

---

⑨ 王海清：《司法管理新常态下完善审判绩效考核的思考》，《人民法院报》2015年5月13日，第8版。

笔者认为,司法公正是法治的核心标志,法治评估如果没有司法评估犹如缺少支点,但当前对中国司法规律的探寻远没像法治政府和立法质量那样取得一般理性共识,特别是过往的司法考核遗留教训多于可鉴经验,所以,在中国法治评估的初创时期更要从现实司法来挖掘本土司法评估资源。总之,中国地方法治指数是"依法治国,建设社会主义法治国家"催化的产物,筚路蓝缕而来的法治评估满载着正反经验,如今因其科学性和现代性并凭借正式性的政治场域,得到了中国学术界和实务部门的基本认可和可靠适用。通过十年的央地实验,法治指数不仅可以衡量法治建设的进度,而且可以监测和防止错误反复,对法治建设具有引导、评价、预测、监督功能,保障全社会各项事务依法治理,实现全社会各领域有序运转,最终达到地方法治建设的新目标和新境界⑩。

表2 各地发布的法治政府建设指标体系简况

时间	名称	发文机关	备注
2008.12.31	深圳市法治政府建设指标体系(试行)	深圳市委市政府	深发〔2008〕14号
2009.7.31	马鞍山市建设法治政府定性定量指标(2009—2013年)	马鞍山市政府	马政〔2009〕47号
2010.6.6	湖北省法治政府建设指标体系(试行)	湖北省委省政府	鄂发〔2010〕9号
2010.7.13	温州市法治政府建设指标体系(试行)	温州市政府办公室	温政办〔2010〕87号
2011.3.15	市南区法治政府建设指标体系	青岛市市南区人民政府	青南政发〔2011〕10号

---

⑩ 张军平:《地方法治建设考评指标设置原则探讨》,《中国司法》2008年第6期。

续表

时间	名称	发文机关	备注
2011.8.10	苏州市法治政府建设指标体系	苏州市政府	苏府〔2011〕156号
2011.8.29	辽宁省法治政府建设指标体系	辽宁省委省政府	辽委发〔2011〕17号
2012.8.13	沈阳市法治政府建设指标体系	沈阳市政府	沈政发〔2012〕41号
2013.3.27	广东省法治政府建设指标体系（试行）	广东省政府	省政府令第184号
2013.3.27	广东省依法行政考评办法	广东省政府	省政府令第185号
2013.11.18	珠海市法治政府建设指标体系	珠海市政府	珠府〔2013〕141号
2014.6.30	吉林省法治政府建设指标体系	吉林省政府	吉政发〔2014〕26号
2015.12.2	深圳市法治政府建设指标体系	深圳市人民政府	深府〔2015〕109号

二 地方法治指数及其实现

地方法治评估的难度丝毫不逊于国家法治评估，而且国家法治比地方法治更为宏观，加之地方法治状况难免存在差异，具体法治的享有者又多基本依赖地方法治的实现，所以，地方法治评估的微观价值鲜明宝贵，继而还能由此深入反映一个国家的法治水平。

（一）地方法治指数的三大概念

地方法治指数的前提是地方、法治和指数三个概念。首先，地方与中央相对应，地方又是国家的内在构成，从《宪法》第 30 条、第 31 条对行政区域的划分可知，无论是一般的省级、市级、县级、乡级地方，还是特殊的特别行政区和民族自治地方都是当然的地方法治评估区域。但难点在于，不同行政级别、不同宪法地位、不同管辖区划的地方能否统一进行法治评估。笔者认为，地方法治评估的根本就在于运用同一套法治指标体系进行不同地方的法治评价，但鉴于各个行政区划的法定权力内涵和外延有所不同，便必须要考虑地方权力影响地方法治的变量赋值，即地方权力越大、法治责任越重。其次，千年来法治概念历久弥新却经常和而不同，评估特定视域下的法治概念更难以形成一致判断。例如，朱景文教授认为，法治的含义包含：规则之治、平等实施和良法之治[11]。当前受到国内外关注的"世界正义工程"比较了两种典型法治理论：形式法治理论和实质法治理论，参考了布雷恩·Z. 塔玛纳哈（Brian Z Tamanaha）、皮文睿（Randall Peerenboom）等权威法治理论家的学说，最终将法治界定为："一个以规则为基础，由四个普适性原则支撑的系统……。"[12] 张德淼教授则跳出法治的"真实定义"，认为评估中的"法治"是一种"操作定义"[13]。笔者以为，数量化法治与概念化法治自然有所冲突，但绝不能以技术原因而混淆一般范畴，所以，评

---

[11] 朱景文：《论法治评估的类型化》，《中国社会科学》2015 年第 7 期。
[12] （1）政府及其官员和人员还有个人和私营部门在法律之下承担责任。（2）法律明确、公开、稳定和公正，平等适用；保障基本权利，包括人身和财产安全。（3）法律制定、实施和执行程序要亲民、公正和有效。（4）司法要由胜任、道德、独立的委任者和中立人及时裁判，他们要数量足够，具备充分资源并要代表他们执业辖区的构成。
[13] 张德淼、李朝：《中国法治评估指标体系的生成与演进逻辑——从法治概念到评测指标的过程性解释》，《理论与改革》2015 年第 2 期。

估的法治应当是法条实证性和规范价值性有机结合的法律主治。再次，指数原是统计学上的概念，一般是在统计中反映某一时期某一社会现象变动情况的相对指标。而地方法治指数旨在借助数学、统计学等学科方法，建立起一个评估体系，用一个具体的数值来准确、形象、客观地反映某一地区的法治建设水平。地方法治指数的最大价值在于：将抽象化、理论化的法治精神和内涵予以细分、量化，化虚为实，化繁为简，让法治成为"可以量化的正义"[14]。

（二）地方法治指数的典型实现

理论上的争执并未阻碍实践上的探索，中国地方法治指数正如雨后春笋而且各有千秋（见表3），这便为进一步提炼既符合一般规律又有地方特色的法治评价指标体系提供了丰富素材和实证经验。最早开始运用法治指数评价地方法治程度的是中国香港地区，2005年香港的法治指数由香港社会服务联会倡导并赞助进行，香港的法治得分指数由四个有先后顺序的步骤组成：归纳法治条件阶段、收集法治指数数据（包括硬数据与感观数据）阶段、专家评测阶段、计算法治指数阶段等四阶段。设计者主要是采用体制性进路的研究方式从西方法治理论和实践中归纳并系统整理出7项具有普遍价值的法治条件[15]，试图以量化主观指标与客观指标的方式模拟政府是否依法行事。尤其在收集、评测和计算阶段，通过随机产生19名专家的评审组与严格筛选11名独立人士的比较组共同完成获得香港法治指数得分，为后来国内其他地方法治指数的设计与实施提供了宝贵

---

[14] 赵昕：《可以量化的正义：衡量法治水平的十六项"法治指数"》，《人民法院报》2010年6月25日，第5版。

[15] （1）法律的基本要求；（2）依法的政府；（3）不许有任意权力；（4）法律面前人人平等；（5）公正实施的法律；（6）司法公义人人可及；（7）程序公义。

经验。

2006年浙江省杭州市余杭区又在全国率先推出县区法治指标综合评估体系。"法治余杭"的评估结构可以用"1（一个指数）4（四个层次）9（九项满意度调查）"来概括。一个余杭指数，是用量化指标对年度余杭法治发展水平进行评估。四个层次即"1+3"分层设计模式，具体为总指标、区级机关指标、乡镇指标、农村社区指标。"1+3"分层设计模式是评估体系的最大亮点，既涵盖了总体上的共性指标，又根据部门的特点，设计了加分指标及个性指标，使评估体系更具针对性和可操作性。九项满意度调查，包括人民群众对党风廉政建设满意度、群众对政府工作认同度、司法工作、权利救济、法治意识、市场秩序规范化、监督工作、民主政治参与、安全感九项内容，由相对独立的中立机构进行问卷调查，得出的结论作为客观数据提供给评审者参考。

而昆明则是中国第一个进行法治指数测评的省会城市。2010年9月29日，中共昆明市委法治昆明建设领导小组办公室、昆明市司法局发布了《法治昆明综合评价指标体系》，明确了昆明的法治指标由"3+13+33"组成。3是3个一级指标，即"法治的社会环境指标""法治的制度环境指标"和"法治的人文环境指标"，13个二级指标[16]，33个具体要素三级指标构成。与以往评测方式不同的是，它建立了相关职能部门、第三方评估机构与专家团队分组测评与对照，全社会共同参与的联合评价机制，减少了职能部门的自身评价及经验性评价。

---

[16] 法治的社会环境指标下二级指标有：（1）社会安全；（2）市场安全；（3）社会廉治；（4）法律资源。法治的制度环境指标下二级指标有：（5）执法执政；（6）民主政治；（7）规范立法；（8）依法行政；（9）公正司法；（10）法治宣传教育；（11）法律监督。法治的人文环境指标下的二级指标有：（12）公众评价性指标；（13）公众体验性指标。

2015年3月，全国首个省级区域法治建设指标体系——《法治江苏建设指标体系（试行）》发布，该指标体系由七大类、29项单项考核指标和1项综合评判指标共30项指标构成，总分为100分。为细化29项单项考核指标，共设置了89个计分点，加上1项综合评判指标，共90个。七大类一级指标及权重配置分别为：地方科学民主立法9%、法治政府建设18%、公正廉洁司法16%、法治宣传教育10%、社会治理法治化15%、法治工作队伍建设8%、法治建设组织领导16%。为体现人民群众的主体地位，指标体系专门将"人民群众对法治建设满意度达90%以上"单列，作为评价考核综合指标，权重占8%。

2017年1月，河北省委法治河北建设领导小组印发了《河北省设区市法治建设指标体系（试行）》，该指标体系是全国首创专门针对设区市法治建设工作的量化考评标准，共归纳了400余项法治职能指标、法治状况指标和法治满意度指标，之后按依法执政、科学立法、依法行政、公正司法、法治社会、机构队伍六大板块，设定一级指标6项、二级指标34项、三级指标105项，各板块、各指标分别设定了不同权重（分值）。主要板块均采取定性评估与定量考核相结合的机制，均设计了满意度测评指标，尽管整体上是一个综合指标体系，各板块又独立构成若干子指标体系，且均可横向、纵向对比。

三 评估法学后的地方法治指数创新

近年来中国地方法治的评价和研究在全面依法治国的大背景下越加醒目，不过若单纯出于政治需要或考评管理而进行地方法治评估就离散了评估法学意义上的地方法治指数价值。另外，由于国内外法治评估都刚刚开始，法治评价本体论和方法论都十分欠缺，借鉴相对成熟的政府绩效管理难免会忽视法治本身也有不可测量的某些特性[17]，所以，各地兴起的法治评估遭遇了真实与否、权威与否的质疑，而逆转困境一定要依赖于评估法学的理论建构和实践反思。

（一）以公信为目标的地方法治评估主体重塑

当前中国地方法治评估有三类评估主体（见表3）：一是供给法治的地方政府作为第一方，二是需求法治的地方民众作为第二方，三是研究法治的专业团队作为第三方。由于中国法治建设处于初级阶段，社会自治尚不完全，以及自上而下行政主导式的制度惯性，都造成了地方法治评估中基本采取第一方权力自评为主的样式，而忽略了法治评估实质上是21世纪民权的诉求表达途径、民主的监督制约方式，尽管很多地方也关注人民群众对本地法治建设的满意度评价，但还是多在权力部门主持下进行的调查采样，可以称之为被动第二方评估主体。所以，如今第三方成为最具可操作性和可信赖性的地方法治评估的主体选择。这是因为，一方面，第三方由法律专业人士组成能够确保法治评估的准确度；另一方面，第三方置身法治生产者和消费者之外，利益无涉角色超然。然而，这些假设在

---

[17] 最早的政府绩效评价可以追溯到1907~1912年由Charles Beard牵头纽约城市研究局（Bureau of Municipal Research）开展的以绩效为导向检验纽约市政府管理效果的实验，随后政府绩效评价因其科学量化性以及民主监督性逐渐成为美国联邦和地方政府部门的重要和常规工作。参见 Schedler, K. *Performance measurement*, In J. M. Shafritz (Ed.), International Encyclopedia of Public Policy and Administration, pp. 1634-1638. Boulder, Colorado: Westview Press. 1997. 中国政府绩效评价始自20世纪80年代，当时"各级政府实施效率导向、目标责任体系和有效监督"，但公共部门的绩效评价与法治评估一样都是在21世纪初伴随着一些新理念的出现，如责任政府、服务型政府、法治政府，成为学术和实务界焦点，各级政府和职能部门的绩效评价和人民满意度评价进入常态化。

现实面前还是过于理想。首先，法律精英与普罗大众感知地方法治实效往往会有判断差异，尤其当下国际上反智和民粹思潮涌动，焦点关乎民主与自决；其次，各地第三方团体多为尚未去行政化的高校和科研单位，包括近些年陆续开立了完全企业性质的法律咨询服务公司，往往会接受政府委托将地方法治评估视为课题项目，只能称之为非独立第三方评估主体。显而易见，地方政府主导乃至垄断法治指数评估，不仅妨碍了民间私人组织参与法律治理的积极性和主动性，而且也违背了"不能当自己案件法官"的正当程序原则，特别是一些地方政府为争取法治GDP，在指标设置和评估方法选择上作有意选择和调整的乱象，直接造成数据造假、公信尽失。

尽管现在中国地方法治评估主体普遍存在独立性不足的状况，但法治评估原本还要遵循开放、系统、量化的原则，也不能简单地将自我评价、非独立评价直接归入评价无效的垃圾桶内。所以，今后要继续发挥好多元参与评估主体的功能。于地方权力机关作为评估主体而言，其既已具有强大优势的评估资源和评估能力，首要则是提升法治评估的价值意识，不能将之等同于一般事务性的工作考评流于形式，更不能视之为政绩工程攀比曲解，而要从法治提供者的角度检视供应产品的质量与数量，积极回应法治享有者的正确反馈（评估程序讲到交往和数据开放），所以，地方权力机关自评就要在内部授权中立性的部门作为评估主体，而地方权力机关互评则会更好地增强制约性和信任度。于普通民众作为评估主体而言，网络时代已对冲了个体分散无法集中的过去式难题，作为亲历地方法治的当地人完全可以自主培育认同的民间法治评估组织启动互联网上和网下的有效法治评估，主动形成真实的人民法治满意值。于第三方评估主体而言，保持专业客观中立是生命线，而最大的价值在于运用科技方法和法学理论验证实然追求应然的地方法治，因此，中国各地法学院校和科研单位、法律服务公司、律师事务所、非政府法律智库等都应当自觉承担起第三方法治评估主体的公益重任。

（二）以真实为前提的地方法治评估数据校正

当前国内地方法治评估程序中出现的问题，主要集中在客观数据不易获得和主观数据难保真实两个方面。

其一，法治指标有主客观区分。采集既有地方权力部门的统计数据，如立案数和破案数、裁判率和执行率、立法数量和法制预算等等，是各地法治评估获取客观数据的主要方式，但由于这类数据往往来自评估对象开源的工作报告和提供给调研员的口头或书面材料，数据来源的独立性不足，数据的真实性和可靠性也都有待鉴证，严重的会造成样本污染。特别是目前中国公开制度尚未完备建立，立法、行政、司法透明度有限，而《政府信息公开条例》规定的主动公开责任模糊、申请公开过程阻滞，都加剧了客观数据保真效果差的缺憾。当然，能否获取地方法治建设的真正客观数据以及难易程度，就是地方法治评估的重点和效用所在。

其二，专家意见和大众问卷则是地方法治评估获取主观数据的主要方式。就前者而言，专家评估依据的是自身具有的法律专业知识和掌握当地法治生态的相关数据，但专家结论的准确性要有赖于专家们统一的评价标准、相近的专业水准和充分的成员数量、中立的判断立场。就后者而言，大众问卷的弊端在于调查的覆盖区域范围有限，调查对象的随机性会造成碎片化偏差，而受访者能否具有代表性也难以衡量。例如，2012年余杭区户籍人口89.04万人，而余杭法治指数只采用了不到1500份的民意调查。另外，问卷调查还要尽量避免"观察者效应"[18]，否则访问对象可能会有意或无意地隐匿真实想法。

  为校正地方法治评估客观数据和主观数据的真实性，法治指数评估程序的改革应从数据收集和数据计量上着力切入。一方面，改进地方法治评估数据的采集方法，对客观数据的获取虽然较为依赖官方数字，但专家们的特长和优势在于能够对若干个案追踪和典型案例分析，由此就能够实现以小见大和见微知著，进而从微观真实放大到宏观真实。对主观数据的获取应该能够更加现代化和科技化，尤其是网络时代大数据发掘技术的成熟从根本上有利于主观数据的客观化。另一方面，针对法治评估中的数据失实问题，笔者建议采取主观数据与客观数据相互验证的方法构建地方法治评估数据纠错机制，既然主观数据与客观数据互有特点、互有优劣，就不存在理论上孰优孰劣或谁主谁辅的问题，而应该在主观数据与客观数据之间建立起一种相互比对和验证的关系，向香港和昆明模式学习（见表3）对地方法治评估的主观数据和客观数据平均赋权。当主客观数据的测评结果接近时，可能的情况是，主客观数据的各自测评都是相对可信的。而当主客观数据的测评结果出现较大差距时，情况就比较复杂了，需要具体分析或调查验证。一种可能是两种测评之间有一个结果是相对失真不可信的，需要进一步具体调查、分析原因，甚至重新设计调查测评；另一种可能是主客观的测评数据都是真实的，问题在于法治的客观状况与普通人对法治状况的主观预期感受不一致，个中的深层原因可以从主观指数的性质上找寻答案。

---

[18] "观察者效应"指的是被观察的现象会因为观察行为而受到一定程度或者很大程度的影响。

表3 中国典型地方法治指数比较

	香港特别行政区	余杭区	昆明市	江苏省	河北省设区市
指标体系	7个条件	1个指数、4个层次、9项满意度调查	3个一级指标、13个二级指标、33个三级指标	七大类、29项单项考核指标、1项综合评判指标,共30项指标	6个一级指标、34个二级指标、105个三级指标
地方特色	评审组与比较组相互比对后计算得分	分层设计模式	相关职能部门、第三方评估机构与专家团队分组测评与对照	将人民法治满意度单列作为评价考核综合指标	既是综合指数体系,各板块又独立构成子指数体系
评估主体	独立第三方	第一方、被动第二方和非独立第三方	第一方、被动第二方和非独立第三方	第一方、被动第二方	第一方、被动第二方和非独立第三方
评估数据	主客观数据并重	偏重客观数据,结合主观数据	主客观数据并重	偏重客观数据,结合主观数据	偏重客观数据,结合主观数据
评估标准	统一式	统分式	统分式	统分式	统分式

(三) 以统分为基础的地方法治评估指数标准协同

法治指数作为被评估的要素,直接关系到法治评估程序的科学性和结果的客观性。在全面依法治国建设社会主义法治国家的进程中,各级地方权力机关和人民群众都十分关切当地法治的发展状况,无论是第一方、第二方还是第三方法治评估,都具有重大的现实意义。但从典型地方法治评估体系设计的指标分析,当前地方法治评估指数具有极大的不确定性（见表3）。例如，世界正义工程和香港的法治指数严格对照普遍法治原则拟定评价因子属于统一式指数，而余杭、昆明、江苏、河北法治指数既有法治共性内容的考察，也有地方法治建设抓手的个性内容考察，属于统分式指数。再进一步分析可见，内地地方法治指数统一之处包括了依法行政、司法救济、法治意识、普法宣传等，但个性部分就百花齐放差异明显，如营商发达的余杭区突出市场秩序规范化指标、自然条件优渥的昆明市三个一级法治指标均从环境概念出发、首个省级的江苏法治指标体系大而全、最新颁布的河北设区市法治建设指标体系纳入了依法执政要素等。虽然各地法治指数的多样化和特殊化在一定程度上适应了地方法治，并以各自的特色为中国法治建设提供了实践经验，但是法治指数体系的不统一和割据化无疑削弱了地区之间的横向可比性，不利于相互之间的学习与比较借鉴，也不利于国家法治建设的统一协调。此外，在地方法治指标体系设计上要统合全面性、抽样性、合法性等要素，根据通行的社会学研究方法，一般认为，衡量某个事物的各指标之间应当具备四种关系：完备性、单项性、互斥性和互换性[19]。而中国各地现有的法治指标体系设计侧重点却各有不同，所得出的结果也不能在同一层面上进行比对分析，最终降低了法治指数的激励与鞭策功能。

虽然中国地区之间经济总量差距大，社会发展并不平衡，规制能力也较为殊异，人文环境也不尽相同，自然区域法治互有差异，但是任何地区的法律治理都有共同的规律，法律也有共同的价值，如民主、自由、稳定、公正、高效等，中国地方法治指数也应当反

---

[19] 〔美〕劳伦斯·纽曼、拉里·克罗伊格：《社会工作研究方法：定性和定量方法的应用》，刘梦译，中国人民大学出版社，2008，第230~231页。

映这些法治精义。因此，笔者建议构建以统分为基础的地方法治评估指数标准，尤其对第一方评估而言，可以通过地方联合拟定或中央部署拟定的方式，制定一个数量科学、概念一致、法义共识、动态调整的总指标体系，各地区又可以根据实践情况灵活制定符合各自特点的分指标体系。第二方评估要根据当地法治实现过程中的热点、难点和焦点设置即时性评估指数来反映民意民愿和民主监督，第三方评估由于地位完全中立就应当从专业立场维护地方法治评估数据库长期稳定运行。总之，通过统分结合的地方法治评估指数既能保证法治基本面的客观和本质，也能够让国家标准和地方标准共存共用，加之第二方即时性地方法治评估策略和第三方专业性地方法治评估战略，最终实现中国地方法治评价的多元化和标准化。在这样一个统分结合的地方法治评估复合体中，各层次、各指标的相对重要性各不相同，而确定各指标权重的方法很多，不同指标重要性的大小既需要考虑该指标在地方法治政府建设中实际发挥作用大小的问题，也受指标多寡的影响。指标被划分得越精细，数量越多，则其观察点权重数越小。相反，指标划分得越少，每个观察点被赋予较大权重的概率越大[20]。所以，地方法治评估指数的标准化还必须贯通两个关键点。一是实证检验。地方法治指数评估并非一蹴而就，必须由各方机构做持续性的工作，检验指标以及评估程序的有效性和科学性，并对相应的项目进行改革与推进，以适应指数规律本身以及导引地方法治的现实与价值需要。二是监督救济。如果在地方法治指数评估特别是第一方评估中，出现了数据伪造、弄虚作假等违法违规行为，应当及时查明原因，并对相关责任人进行处理。一旦发生评估数据侵权行为，被侵权人应当得到及时有效的法律救济。

---

[20] 马怀德：《中国法治政府建设现状观察：成就与挑战》，《中国行政管理》2014年第6期。

四 余论

法治评估是用法治指数衡量法治实效和导引法治发展的新方法，地方法治评估绝不能流行过后陷入权力自我考评或总结工作或邀功政绩的窠臼之中，而要在评估法学的设定中开拓深耕。评估法学（measurable jurisprudence）不是德国的评价法学（Wertungsjurisprudenz, evaluative jurisprudence），后者在概念法学和利益法学折中之上得以建构，但评估法学与评价法学都关注一个共同的问题，即寻找使价值判断客观化的方法，以保证法的普遍性和法的安定性在切合时代使命的目标下得以客观地推进实践[21]。评价法学的答案在于运用现代法学论证方法回应整个法规范实践的客观化过程，而评估法学的答案在于运用法学交叉社会科学方法测量法规范的实践效果，发展法的原则性和适应性。法治评估是评估法学关注的一种总体性评价，如今备受理论与实务界瞩目，同样在国家和地方上关于法条、法制度、法案件、法证据以及法的制定、执行、裁判等评估性的法学研究和应用也正方兴未艾，最后借用莎士比亚的诗句，希冀"我们历尽了千辛万苦，终于在乱麻中采获了这朵鲜花"。

Abstract: The assessment of rule of law has started simultaneously in the world and China in early twenty-first century, and the core of the assessment of rule of law is to scientifically make statistics about the subjective and objective assessment of national or local rule of

---

[21] 龙卫球：《评价法学的现代轨迹——评拉伦茨〈法学方法论〉》，《法制资讯》2008年第10期。

law by contrasting the index system (index of rule of law), measure the actual effect of rule of law in order to guide the construction of rule of law. Index of local rule of law and its achievement have important micro value in assessment of rule of law, on the premise of explaining three key concepts of locality, rule of law and index, and using empirical comparative analysis method to analyze the difference between good and bad of the typical index of local rule of law in China, putting forward a new opinion of the innovation of assessment of local rule of law under the measurable jurisprudence perspective that can become a new theory: rebuilding the assessment subject with public credit as its goal, correcting the assessment statistics with reality as its premise, and cooperating the standardized assessment index with score as its foundation.

Key words: Assessment of Rule of Law; Measurable Jurisprudence; Local Rule of Law Index

论政府信息公开争议的焦点与对策[*]

——以《人民司法》刊载案例为对象

王 军[**]

摘 要：自《政府信息公开条例》实施以来，学界的研究主要集中在理论层面上，而对政府信息公开在实践中的争议关注较少。以《人民司法》刊载的典型案例为考察对象，可以发现争议集中在政府信息、社会稳定、商业秘密和个人隐私等不确定法律概念的认定上。借助法条谱系和理论学说，可以将这些争议定位为申请资格、公开范围、答复的合法要件和反信息公开诉讼等逻辑重点。着眼于争议的解决，应当坚持以适法为重点、修法为补充的原则进行分类讨论，申请资格不明、公开范围模糊等大部分问题均可以法律适用为主要手段解决，而对界定公开范围的条文零散、公共企事业单位信息公开困难等问题则需适当借力法律修改予以应对。

关键词：政府信息公开诉讼　争议分布　路径选择　判例研究

---

[*] 本文系中国法学会部级课题"公共企事业单位信息公开研究"的阶段性成果。同时，本文的缩略版曾发表于《情报理论与实践》2015年第7期，并在收录时作了相应充实和完善。

[**] 华东师范大学法学院讲师、法学博士。

自 2008 年《政府信息公开条例》（以下简称《条例》）实施以来，至 2013 年已经产生了大量的理论研究成果，从较早以借镜美国、日本等法治实践为重点到逐渐转向对中国问题的关注①，这一过程使得现有理论不但在内容上得到了丰富，还在研究厚度上大有所进。与这一繁荣情况相较，专门就政府信息公开实践，特别是政府信息公开诉讼进行探索的成果就显得为数不多，且这部分成果主要是由法官、行政机关相关工作人员来完成的②。因此，观察政府信息公开制度③的整体运行状况，以政府信息公开诉讼为突破口理清实践中的真问题并梳理出其背后的法理，就显得尤为必要。

同时，基于对"研究本国的案例，或许是中国行政法思想的基本源泉"④的认识与认同，本文拟选择刊载在《人民司法》上的案例为研究对象，并力图对以下问题尝试作出回答：①当前政府信息公开诉讼的争议分布样态为何？②上述争议如何在法条谱系和理论体系中定位？③哪些争点接下来可以继续通过法律适用解决？哪些问题有必要通过立法修改来加以应对？

---

① 前一类研究可参见周汉华《美国政府信息公开制度》，《环球法律评论》2002 年第 3 期，第 274~287 页；朱芒：《开放型政府的法律理念和实践（上）——日本信息公开制度》，《环球法律评论》2002 年第 3 期，第 288~296 页；朱芒：《开放型政府的法律理念和实践（下）——日本信息公开制度》，《环球法律评论》2002 年第 4 期，第 466~476 页等。后一类研究可参见章剑生《知情权及其保障——以〈政府信息公开条例〉为例》，《中国法学》2008 年第 4 期，第 145~156 页；周汉华：《〈政府信息公开条例〉实施的问题与对策探讨》，《中国行政管理》2009 年第 7 期，第 11~14 页；王锡锌：《信息公开的制度实践及其外部环境——以政府信息公开的制度环境为视角的观察》，《南开学报》（哲学社会科学版）2011 年第 2 期，第 65~71 页；高秦伟：《何谓政府信息——基于〈政府信息公开条例〉第 2 条的解释》，《江苏行政学院学报》2012 年第 5 期，第 124~130 页等。
② 这部分成果可参见江必新、梁凤云《政府信息公开与行政诉讼》，《法学研究》2007 年第 5 期，第 22~36 页；江必新、李光宇：《政府信息公开行政诉讼若干问题探讨》，《政治与法律》2009 年第 3 期，第 12~27 页；侯丹华：《政府信息公开行政诉讼有关问题研究》，《行政法学研究》2010 年第 4 期，第 55~61 页等。
③ 未特别指明，以下皆指的是依申请政府信息公开。
④ 黄卉、章剑生：《判例研究及其方法》，《华东政法大学学报》2011 年第 3 期，第 89~95 页。

一 研究对象选定

本文选择刊载在《人民司法》自 2008 年《条例》实施以来的 11 个案例为研究对象,主要是考虑到作为最高人民法院的机关刊物,《人民司法》上登载了诸多具有典型意义的案件判决,而且这些案例在司法、行政等实务界也具有相当的权威性和实用性。借此,本文试图揭示法院在运用作为"一种阐释概念"[5] 的法律作为解决争议依据过程中所显示的概貌。案例依照讨论顺序排列(见表 1)。

表 1 《人民司法》2008~2013 年登载的典型案例

序号	案例名称	案例出处*
1	季慈祥诉泰兴市国土资源局	2013 年第 10 期
2	吴啟群等诉浙江省杭州市人民政府案	2010 年第 8 期
3	上海经协资产经营有限公司诉建德市人民政府案	2012 年第 6 期
4	徐建华诉江苏省靖江市人民政府案	2010 年第 8 期
5	俞霞金等诉浙江省宁波市鄞州区人民政府案	2010 年第 14 期
6	曹继环、刘洪芬、周雨诉天津市社会保险基金管理中心案	2013 年第 8 期
7	姚延康诉上海市教育委员会案	2010 年第 24 期
8	何仁良诉上海市金山区规划和土地管理局案	2011 年第 18 期
9	朱黎斌诉上海市地方税务局案	2011 年第 18 期
10	周春稳诉江苏省如皋市建设局案	2009 年第 2 期
11	史丽江诉江苏省国土资源厅案	2012 年第 18 期

* 为方便行文,案例出处均为《人民司法》,表中省略。

---

[5] 这一说法是德沃金教授提出的,见〔美〕德沃金《法律帝国》,李常青译,中国大百科全书出版社,1996,第 364 页。

二 争议的分布图景

通过对 11 个案例的整理,其所涉争议的分布图景主要包含政府信息的认定,社会稳定的认定,生产、生活和科研等特殊需要(以下简称"三需要")的认定,商业秘密和个人隐私的认定,不作为的认定等内容。为避免先入为主地展开类型化,客观、简洁地予以描述不失为可供采纳的研究方案。

(一)政府信息的认定

在案例 1 中,被告认为原告申请的法院行政裁定书、宣堡镇纪委处分决定书不属于政府信息,从而不予公开,一审法院支持了被告的意见,认为上述信息不属于被告公开的内容[⑥]。二审法院维持了原判,并叙述了更为详细的判决理由:政府信息一般是指行政机关在履行职责过程中制作或者获取的,以一定形式记录、保存的信息,案中的行政裁定书及处分决定书分别属于人民法院履行司法职能形成的信息和纪检机关履行纪律检查职能形成的信息,这些职能及其形式领域与被告的行政管理职能及职能行使领域存在明显区别,因此其不属于被告的政府信息[⑦]。

在案例 2 中,案涉争议焦点之一是原告向被告申请公开的一份会议纪要是否属于《条例》所调整的政府信息,因为被告认为该会议纪要是政府内部公文,属于政府内部信息从而不受《条例》调整。法院在判决中引用《条例》第二条的规定默认了会议纪要属于政府

[⑥] (2012)泰行初字第 48 号行政判决书。
[⑦] (2013)泰中行终字第 19 号行政判决书。

信息，从而判定被告未依法履行答复义务⑧。

（二）社会稳定的认定

在案例3中，一审法院经审理认为，被告如认为公开案件涉合作备忘录有可能危及社会稳定，应按照《浙江省县级重大事项社会稳定风险评估办法（试行）》和《杭州市重大事项稳定风险评估暂行办法》的规定对可能存在的社会稳定风险事先进行评估，并根据评估结论作出信息公开答复，因此案中被告在未提供已经过评估相关证据的情形下径行以合作备忘录涉及社会稳定为由认定不予公开，主要证据不足⑨。二审法院的述理过程中采纳了一审法院的判断，认为未经风险评估即认定合作备忘录涉及社会稳定而不予公开的做法缺乏事实和法律依据⑩。

同时，案例2也涉及此类问题：被告认为会议纪要属于限制阅读的内部公文，只限一定范围内的人员知悉，可能危及社会稳定而不属于政府信息公开范围，法院没有详细论述判决理由，而只是在结论中认为被告提交的法律依据不能证明其辩称理由成立⑪。

（三）"三需要"的认定

在案例4中，原告徐建华以民事诉讼举证需要为由申请被告公开靖镇政发〔2002〕149号文件和靖镇政发〔2002〕238号文件。一审法院依据经不公开审查的149号文件的内容，认为149号文件

---

⑧ （2008）杭行初字第60号行政判决书。
⑨ （2011）浙杭行初字第82号行政判决书。
⑩ （2011）浙行终字第179号行政判决书。
⑪ （2008）杭行初字第60号行政判决书。

对原告徐建华的生产、生活并不产生实际影响,因此判决支持被告不予公开的做法⑫。二审法院认为,政府信息公开的基本原则是以公开为原则、以不公开为例外,除非具有法定不予公开的理由,否则行政机关必须公开政府信息。涉案149号文件一方面属于政府应当主动公开的信息,另一方面与徐建华的民事诉讼有关联性,属于因自身生产、生活、科研等特殊需要可以申请公开的信息。更进一步说,徐建华与暖通有债权债务关系,149号文件直接涉及暖通厂的资产处置,与徐建华的债权能否得到实现有关联性,故可以依申请公开⑬。

同样的问题出现在案例2和案例3中,案例2中被告认为原告申请公开的会议纪要没有针对原告作出行政处理决定,并不涉及原告的切身利益从而不具备申请的条件,法院在判决中直接引用《条例》第13条认为原告具备了这一条件⑭;案例3中这一问题就更为明显,针对原告对合作备忘录的公开申请,被告认为该合作备忘录只涉及特定的人和事,原告与之没有利害关系,也没有任何经营活动上的关联,因此对原告不存在特殊的作用,也就不符合《条例》第13条的规定,一、二审法院均否定了判决的意见,其中一审认为"生产、生活、科研等特殊需要"具有广泛性和不确定性,被告的做法未考虑原告可能存在的其他特殊需要,因此被告的做法主要证据不足⑮,而二审则直接认定《条例》第13条从未将申请人要求公开的信息与申请人之间存在法律上的利害关系作为申请信息公开的前提条件,并据此认为被告的意见不能成立⑯。

---

⑫ (2008)姜行初字第38号行政判决书。
⑬ (2009)泰行终字第25号行政判决书。
⑭ (2008)杭行初字第60号行政判决书。
⑮ (2011)浙杭行初字第82号行政判决书。
⑯ (2011)浙行终字第179号行政判决书。

（四）商业秘密和个人隐私的认定

1. 商业秘密的认定

在前述案例 4 中，针对 149 号文件是否应当公开的问题，被告认为其可能涉及商业秘密，因此书面征求了第三人的意见且获得了不同意公开的答复，因此不予答复。一审法院对此予以认可[17]，而二审法院则得出了相反的结论，其借用了《反不正当竞争法》第 10 条第 2 款关于商业秘密的界定——不为公众所知悉、能为权利人带来经济利益、具有实用性并经权利人采取保密措施的技术信息和经营信息，得出了 149 号文件本身不具备商业秘密的性质，因此也就否定了被告所持不公开的观点[18]。

2. 个人隐私的认定及处理

在案例 5 中，原告要求公开某些农村居民申请建房时的年龄，被告答复其涉及个人隐私而决定不予公开，一审法院认为政府信息公开中的个人隐私，应根据公开后是否会对权利人生产、生活造成明显不当影响来判断，不能把所有的涉及个人的资料都列入个人隐私的范畴，原告申请的年龄信息虽然公开之后对权利人有一定影响，但达不到明显程度，因此被告拒绝公开的行为缺乏事实和法律依据[19]。二审法院认为，个人隐私具有相对性，应视具体情境来认定是否构成隐私。考虑到年龄信息属于农村村民申请宅基地必然要向国家、向社会公开以获取批准、接受监督的信息，因此其不构成法律保护的个人隐私，因此被告的做法不符合法律的要求[20]。

---

[17] （2008）姜行初字第 0038 号行政判决书。
[18] （2009）泰行终字第 25 号行政判决书。
[19] （2008）甬海行初字第 58 号行政判决书。
[20] （2009）浙甬行终字第 44 号行政判决书。

在案例6中，原告为工亡职工周玉维之妻、之母、之子，其三人向被告申请关于对周玉维不支付工伤保险待遇的决定文书"天津市涉及民事伤害赔偿工伤赔偿保险待遇核定表"等，被告以只对单位不对个人为由，认为涉案文书属于个人信息从而不予公开。法院判决认为，被告应该对原告的请求给予答复，也即认为三原告有权申请公开该个人信息[21]。

（五）信息不存在的举证责任

在案例7中，原告姚延康向被告申请高等学校教师法定工作日、工作时间等政府信息，被告进行检索后答复原告政府信息不存在。法院认为，被告经过检索后仍未发现政府信息，已经履行了其所负有的举证责任，而原告主张被告应该制定或者获取过上述政府信息，缺乏有效证据证明，其实也就是未能补充证明政府在检索后未发现的情况下原告可以发现上述信息的事实[22]。因此，在政府信息不存在的案件中，被告首先承担举证责任，包括检索等，而原告则需要在被告履行举证义务后承担自身的举证责任。

（六）政府信息公开答复的合法性

在案例8中，原告何仁良向被告申请公开上海市金山区何家村46号所在房屋土地所有权的信息，被告答复该信息不属于政府信息，法院在判决中认为，被告作为土地行政主管机关，既负有提供政府信息的职责，也负有具体承办确立土地所有权和使用权工作的职责。尽管原告是以政府信息公开的方式提出了申请，但被告仍应

---

[21] （2012）和行初字第0076号行政判决书。
[22] （2009）黄行初字第193号行政判决书。

当要求原告明确申请的内容,所以在未查清原告提出申请的真实意图的情况下即作出答复,在执法程序上存在明显的过错[23]。可以看出,法院认为被告在政府信息公开的程序问题上存在重大瑕疵,即在不能完全确认政府信息公开申请成立的前提下,直接作出了答复,从而未履行程序上的询问申请人、要求明确和补正等程序,并最终导致了答复合法性的缺失。

在案例9中,原告朱黎斌向被告提出政府公开信息申请,要求书面获取某地铁建设有限公司的税务登记信息。被告发现该地铁公司已经在2005年注销了税务登记,因此答复信息不存在。一审法院支持了被告的意见,认为信息不存在的答复是合法的,予以维持[24]。二审法院则认为被告既未理解清楚原告申请的政府信息到底是所有的税务登记信息还是目前信息的登记情况,又未要求原告进行补正,因此其作出的答复认定事实不清,应当予以撤销[25]。

案例8和案例9均是因为答复的程序欠缺合法性而造成整体的答复违法的情况,既包含了未能确认信息公开申请的情形,也包含了未履行要求当事人补正义务的情形。

(七)不作为问题

在案例10中,原告周春稳向被告申请第三人申请批准的房屋拆迁许可证的申办全套材料,被告一直未予答复,其理由是其所在的市政府收发室签收后未能将原告的申请分发至被告处以及不公开被申请信息并不侵犯原告的合法权益等。法院认为,本案中的申请事实成立,被告未予答复的行为构成不作为[26]。

---

[23] (2011)金行初字第8号行政判决书。
[24] (2010)徐行初字第61号行政判决书。
[25] (2010)沪一中行终字第301号行政判决书。
[26] (2008)皋行初字第54号行政判决书。

在案例 11 中，针对原告史丽江对无锡市锡山区安镇镇安镇村许更上 6 号房屋所在地的集体土地征为国有的批准文件及与其对应的"一书三方案"的申请，被告安排其下属机关无锡市国土资源局向原告公开相关信息。随后，无锡市国土资源局将上述信息提供给原告。一审法院认为，作为上级机关的被告通过安排下级机关切实公开原告所申请的资料，已经依法履行了政府信息公开答复职责，不存在行政不作为[27]。虽然原告不服上诉，但在二审中自行撤诉，并认为需要获取的信息已经获取[28]。

综上，11 个案例中共透射出七种主要的争议。从这些争议的分布来看，主要涉及《条例》的总则、公开范围、公开方式与程序等内容，即前三章的内容，而对于第四、五章的内容鲜有案例。虽然这可能与第四章对监督和保障的规定中本身就有许多条文不会出现在诉讼中有关，但这还是可以在一定程度上反映问题。比如，公共企事业单位信息公开的问题可能还缺少充分的实践，即便是遍寻当前的数据库，也仅有一二例案件和个别研究成果[29]。

三 争议的逻辑定位

经过进一步阅读、分析，本文将上述 11 个案件所反映的争议，根据法条谱系和理论学说对其大致作出定位：政府信息公开申请的

---

[27] （2011）宁行初字第 40 号行政判决书。
[28] （2011）苏行终字第 66 年行政判决书。
[29] 目前的案例只有"王聚才诉中国联合网络通讯有限公司南阳市分公司不履行政府信息法定职责案"［（2010）宛龙行初字第 127 号行政判决书］和"张宇不服北京市西城区房屋土地经营管理中心政府信息公开行为案"［参见中华人民共和国最高人民法院行政审判庭编《中国行政审判案例》（第 4 卷），中国法制出版社，2013，第 24~29 页］。研究则只有一篇，朱芒：《公共企事业单位应如何信息公开》，《中国法学》2013 年第 2 期。

资格要件、政府信息公开的范围、政府信息公开答复的合法性以及反信息公开诉讼，以下分别详述。

(一) 政府信息公开申请的资格要件

通常来说，所谓政府信息公开申请的资格要件，指的是《条例》第13条的规定：除本条例第9条、第10条、第11条、第12条规定的行政机关主动公开的政府信息外，公民、法人或者其他组织还可以根据自身生产、生活、科研等特殊需要，向国务院部门、地方各级人民政府及县级以上地方人民政府部门申请获取相关政府信息。仔细揣摩文字间的意思，可以初步得出结论：申请人有权根据自身生产、生活、科研等特殊需要提出政府信息公开申请。那么，问题是：这些特殊需要是申请人必须具备的条件吗？"等"字的解释是限定性的有尽列举还是说明性的不尽列举？这些问题尚不能单纯通过《条例》得以厘清。

首先，值得注意的是，国务院在《条例》生效之前已经发布《国务院办公厅关于施行〈中华人民共和国政府信息公开条例〉若干问题的意见》（国办发〔2008〕36号），并在第五部分"关于依申请公开政府信息问题"之第14条规定：行政机关对申请人申请公开与本人生产、生活、科研等特殊需要无关的政府信息，可以不予提供。这明确将"三需要"确定为政府信息公开申请的资格要件，一旦不符合这一条件，那么根本无法获取政府信息。另外，这一规定在国务院2010年1月12日发布的《关于做好政府信息依申请公开工作的意见》（国办发〔2010〕5号）中进一步得到了肯认。这与案例2、3、4中法院对该类问题的态度是基本一致的，可以合理解释为司法对于立法"传送带"式的执行。

然而，与法规范的界定和司法上的判断有所不同，学界讨论所提供的智慧除了将"三需要"圈定在政府信息公开申请"门槛"的研究以外[30]，还出现了一些将《条例》第 13 条重作解释进而避开"门槛"[31]甚至完全修改该条文以保护申请人合法权益的成果[32]。总结这些研究，反对将《条例》第 13 条解释为限制申请人申请资格的理由主要分为几类：一是这样解释违逆了《条例》的立法目的，侵犯了申请人的知情权；二是这样解释可能会出现体系性的矛盾，因为《条例》第 20 条关于政府信息公开申请内容中没有包含申请理由，这不可避免会出现一部法律既允许行政机关有权要求公民提供理由又未对公民提供理由的义务加以规定的"对冲"状态。

其次，对于"等"字的解释，如果说案例 2 表现得尚不明显，那么案例 3 已经明确表明，"生产、生活、科研等特殊需要"之外还可能存在其他特殊需要，也即"等"字只是对于特殊需要进行修饰，属于说明性的不尽列举。此时，法院对于行政机关运用该条文时就增添了更多说理要求：不仅要对不符合"三需要"的理由进行说明，还要对完全不存在其他特殊需要的负举证责任[33]。

最后，不能将申请资格与原告资格混淆，二者是基于不同事项而产生的两种资格，不能因为申请人申请资格缺失就想当然认为其必然无法提起相应的行政诉讼，毕竟还是要回到《条例》第 33 条的

---

[30] 参见浙江省高院课题组《政府信息公开行政诉讼案件疑难问题研究》，《行政法学研究》2009 年第 4 期，第 21~28 页。

[31] 参见钱影《公开，抑或不公开——对〈中华人民共和国政府信息公开条例〉第十三条的目的论限缩》，《行政法学研究》2009 年第 2 期，第 69~74 页、第 119 页；李牧：《论公民信息申请权的实现障碍及其克服途径》，《法学评论》2010 年第 4 期，第 16~23 页。

[32] 参见章剑生《知情权及其保障——以〈政府信息公开条例〉为例》，《中国法学》2008 年第 4 期，第 145~156 页；黄学贤、雷娟：《〈政府信息公开条例〉立法目的之检讨》，《浙江学刊》2012 年第 1 期，第 117~123 页。

[33] （2011）浙杭行初字第 82 号行政判决书。

规定和《行政诉讼法》的规定上来。这样的结论也在最高人民法院的态度中得以印证——最高人民法院在《关于请求公开与本人生产、生活、科研等特殊需要无关政府信息的请求人是否具有原告资格的答复》中明确说明,"公民、法人或者其他组织认为行政机关针对政府信息公开申请作出的答复或逾期不予答复侵犯其合法权益,提起行政诉讼,人民法院应予受理。申请人申请公开的政府信息是否与本人生产、生活、科研等特殊需要有关,属于实体审理的内容,不宜作为原告主体资格的条件"㉞。

(二) 政府信息公开的范围

从当前的《条例》体系来看,涉及政府信息公开范围的条文包括第 2 条、第 8 条、第 14 条中的"国家秘密",第 21 条中的"信息不存在"等。可以发现,这些条文呈现散落在各个章节中的状态,而且每一个条文本身都具有很大的解释空间,如何为"政府信息"、何为"三安全一稳定"、谁来举证"信息不存在"等。

翻看国务院的相关解释,《国务院办公厅关于做好政府信息依申请公开工作的意见》(国办发〔2010〕5 号) 对"政府信息"进行了界定,明确将内部管理信息、过程性信息和需加工信息加以排除,这实际上是对《条例》中"政府信息"的定义进行了限缩,将原来可能涵盖进来的上述三类信息通过法规范的形式明确排除。

然而,法规范上对于定义的努力虽然起到了一定效果,但仍然无法排除大量争议的存在,甚至可以说整个政府信息公开制度的运行中都有关于公开范围的症结存在。特别是在"公开为原则、不公

㉞ (2010) 行他字第 193 号。

开为例外"的原则㉟之下,源于实践和学理上的各种概念纷纭而出㊱,如非政府信息、内部信息等,使得本已模糊不清的政府信息公开范围更加混乱、繁杂。

就案例1和案例2提出的政府信息的认定而言,当前仍没有统一的定论,以主体、职责、来源、载体为要件的"四要素说"㊲以及以主体、内容、形式为要件的"三要素说"㊳都有体现。但总结来看,认定政府信息必不可缺少的要素有:行政机关、行政职权和信息的实际记载,这也能够解释为什么案例1中法院将基于司法职能和纪律检查职能形成的信息认定为不属于政府信息了。

就案例2和案例3讨论的社会稳定的认定而言,尚没有任何法规范对社会稳定的内涵和外延予以界定,但这不意味着就完全缺失对社会稳定的权威解释。最高人民法院在其编写的《中国行政审判案例》第2卷上登载的"周如倩诉上海市人力资源和社会保障局政府信息公开决定案"中就有详细阐述:"应当综合以下几个要素来确定行政机关所持危及社会稳定的理由是否合理、充分:《政府信息公开条例》的立法精神、公开政府信息所影响的范围、公开政府信息是否会引发社会动荡、公开政府信息产生不利影响的危险性。"㊴这可以视为司法实务中最新的、具有指导意义的判例,对于嗣后同类

㉟ 也有学者在考察后认为我国政府信息公开制度当前的原则是"不公开为原则、公开为列举",参见章剑生《知情权及其保障——以〈政府信息公开条例〉为例》,《中国法学》2008年第4期,第145~156页。

㊱ 此类研究如曹康泰主编《中华人民共和国政府信息公开条例读本》,人民出版社,2009,第24~25页;李广宇:《政府信息公开诉讼:理念、方法与案例》,法律出版社,2009,第69~75页。

㊲ 参见王敬波《政府信息概念及其界定》,《中国行政改革》2012年第8期,第8~11页。

㊳ 参见张岩《政府信息的认定》,《中国行政管理》2012年第8期,第11~12页、第13页。

㊴ 参见中华人民共和国最高人民法院行政审判庭编《中国行政审判案例》(第2卷),中国法制出版社,2011,第223页。

情形的判断具有重要意义⑩。

就案例 7 所提出的信息不存在的认定来看,当前这一理由越来越成为行政机关拒绝公开政府信息的"口袋条款",毕竟其在《条例》中仅仅出现在"公开的方式与程序"一节,未有任何的具体规定。在法院的实践中,正如案例 7 所反映的那样,法院往往首先要求行政机关穷尽所有手段搜索申请人申请公开的资料,如果未能获取则可认定为信息不存在。此时如果申请人仍然坚持某一信息确实存在,就会发生举证责任的反转——申请人需自行提供该信息存在的证据。

(三) 政府信息公开答复的合法性

实践中,信息公开诉讼产生的很大一部分争议是申请人认为行政机关的答复未能符合法律的要求,因为这直接牵扯到申请人能否获致相关的政府信息以及其他合法权益的实现。《条例》在第 21 条规定了行政机关作出合法答复的要求:属于公开范围的,按照当事人的要求公开;不属于公开范围的,说明理由;不属于自身公开或者信息不存在的,告知申请人;申请内容不明确的,告知补正。这一规定是相对明确的,但其中也掺杂了一些不清晰的因素,如申请内容是否明确应当如何判断就是难点之一。同时,《国务院办公厅关于施行〈中华人民共和国政府信息公开条例〉若干问题的意见》(国办发〔2008〕36 号)也对行政机关的答复提出了要求:及时地、具体地予以答复。综上,法规范的上述内容形成了政府信息公开答复的合法要件。

---

⑩ 《中国行政审判案例》所载的案例"具有示范和指导意义,供全国法院行政审判人员参考"且"具有权威性",参见中华人民共和国最高人民法院行政审判庭编《中国行政审判案例》(第 2 卷),中国法制出版社,2011,"编辑说明"部分,第 1~2 页。

学界关于该问题的讨论不多，一方面可能是因为很多有瑕疵的答复行为未能进入诉讼范畴；另一方面是个中争议情形非常繁杂，很容易与信息公开的其他问题相互交叉，而导致对答复合法要件的研究较少的情况。

就案例8、9和案例10、11来看，前一类案例涉及的是行政机关作出答复的情况下，双方对既有答复是否合法产生的争议，后一类案例则属于行政机关未作出答复的情况下，双方在不作为是否合法的问题上展开的讨论。就作出答复的情况来看，公开的程序和事实认定成为挑战答复行为合法性的重要入口，特别是行政机关作出答复前要求申请人补正的义务是否依法履行，成为法院重点审查的对象。同时，对于政府信息公开申请是否明确的问题，行政机关负有核实的义务，否则一旦被法院认定为申请不明确，将会引起已作出行政行为的事实不清这一后果。就不作为的情形来讲，由于行政机关内部文章传送、答复程序等出现问题而延迟作出或者根本未能作出答复的情况，明显属于不作为，但是如若行政机关依法向申请人公开了所申请的信息，那么就不再存在讨论不作为的空间。

(四) 反信息公开诉讼

反信息公开诉讼问题是一个学理概念，首先出现在学者对美国信息自由法制的讨论中[41]，后来在对中国问题的阐述上也借用过来[42]，有时也被称作"信息公开防御诉讼"[43]，表现在《条例》的谱

---

[41] 参见周汉华《美国政府信息公开制度》，《环球法律评论》2002年第3期，第274~287页。

[42] 参见李广宇《反信息公开行政诉讼问题研究》，《法律适用》2007年第8期，第48~51页。

[43] 参见房朔杨、陈峰《信息公开防御诉讼运作规则探析》，《云南行政学院学报》2011年第2期，第129~134页。

系内，一般指的是第 14 条第 4 款和第 23 条关于涉及商业秘密、个人隐私的政府信息如何公开的问题。根据规定，涉及商业秘密、个人隐私的政府信息需要取得权利人书面同意或者行政机关认为不公开会导致公共利益受损的情形下才能公开，实践中大多数问题集中在商业秘密和个人隐私如何认定及处理上。

与国家秘密的认定需要借用《保守国家秘密法》第 2 条的规定一样，商业秘密的认定也需要结合《反不正当竞争法》和相关民事诉讼中的规定来理解。最早关于商业秘密的界定出现在民事诉讼领域的司法解释中，其规定：《民事诉讼法》第 66 条、第 120 条所指的商业秘密，主要是指技术秘密、商业情报及信息等，如生产工艺、配方、贸易联系、购销渠道等当事人不愿公开的工商业秘密[44]。其后，《反不正当竞争法》出台，其在第 10 条规定：本条所称的商业秘密，是指不为公众所知悉、能为权利人带来经济利益、具有实用性并经权利人采取保密措施的技术信息和经营信息，其将商业秘密归结为具备秘密性、经济性、实用性和保密性四个特征的技术信息和经营信息，比原有的《民事诉讼法》上的界定显得更为扩展和延伸。时至今日，《反不正当竞争法》上的这一界定仍然成为法院在不同类型案件中判断商业秘密时的圭臬，案例 4 中对于 149 号文是否涉及商业秘密的判断即属此类。

与国家秘密、商业秘密的认定可以寻找到借力的法规范不同，个人隐私的认定标准呈现从宪法上缺失一直到低层次法规范忽视的样态，也即很难找到正面界定何为个人隐私的法规范，这一问题也因此全部交给了法院来自由裁量。学界研究中也出现了诸如

---

[44] 《最高人民法院关于适用〈中华人民共和国民事诉讼法〉若干问题的意见》（法发〔92〕22 号）。

"不愿被侵犯的隐私说""私生活秘密说""私生活安宁说"等多种观点⑤,莫衷一是。在案例5中,法院将公开后可能对权利人生产、生活造成明显不当影响作为标准来判断个人隐私的成立与否,实际上采取的是"明显不当影响说"。在案例6中,法院认为申请人申请公开的关于不支付工伤保险待遇的文书系个人信息,但是涉及的个人已经死亡,且申请人系该个人的近亲属,因此应当公开这些文书,这似乎暗含了将该类情形视同"权利人同意"的判断。

综上所述,11个案例中所反映的七大争点可以抽象出政府信息公开申请的资格要件、政府信息公开的范围、政府信息公开答复的合法性和反信息公开诉讼等四大重点问题,这些问题统统在法条和学理钩织的谱系中得到了定位,在实现立法与司法互动的同时也体现了政府信息公开争议多面向、多元化等特点。

四 争议的解决对策:法律适用为主、法律修改为辅

(一) 路径选择的原则

在确定如何解决现有争议之前,有必要再次明确本文的研究立场,正如拉伦次教授所言:法学要"理解""既存"的法规范及隐含其中的意义关联。"作为理解之学问的法学"是透过解释来理解语言的表达方式及其规范性意义⑥。也就是说,之所以讨论法院判决、讨论法条理解,其核心即在于运用法教义学的方法在承认当前法规

---

⑤ 参见夏淑梅、丁先存《政府信息公开中的隐私权探析》,《中国行政管理》2004年第9期,第33~37页。
⑥ 〔德〕卡尔·拉伦茨:《法学方法论》,陈爱娥译,商务印书馆,2003,第6页。

范基本正确的情况下力图解释、具体化其中的法律条款，特别是在疑难案件中，更需要牢牢抓住法规范这条主线，尽力在法解释的空间内寻找到法条的适用或者排除适用、此种方法适用抑或彼种方法适用的最大可能性。因此，本文探讨所有问题的解决路径也以此为范，首先将法条的解释作为第一方案，综合运用文义、目的、历史、体系等解释手段达到最佳的效果，特别是挖掘法院通过判决对法条予以具体化的过程和结果，毕竟解释者更应发现"规范原本表达的内容"，而非自身创造的对法条的注释[47]。

除此以外，如果在法律解释甚至法律续造的方案下仍然无法获得良好的法效果，那么此时就有必要重新反思该法条以及法规范本身是否存在引起法律适用困难的"硬伤"，工作内容也由法的解释转化为法的修改、完善，也即从法的适用转化为法的政策问题。不过，这在层次上属于第二方案，并且需要在综合考量法律体系的对接、法律条文的融洽以及法律概念的统一等问题的基础上作出具有必要性、可操作性以及最优的选择。当然，这些选择最终是否能够成功转化为政策，也是一个很重要的问题，但考虑到其不属于本文可以解决的问题，所以不作展开论述。

综上，出于对法治原则下法规范的尊重，讨论问题的路径有必要建立在以法律适用为基础和重点、以法律修改为补充和辅助的思路上，着眼于运用各类解释方法打通法律适用的障碍，这也是本文写作中一以贯之的立场所在。

（二）路径选择的倾向

基于第二、三部分对政府信息公开争议的形式分类、法条定位

---

[47] 参见〔德〕卡尔·拉伦茨《法学方法论》，陈爱娥译，商务印书馆，2003，第195页。

和学理分析，运用上述法律适用为主、法律修改为辅的研究方案，可以大致发现问题的解决路径所存在的两大倾向：申请资格、公开范围中的部分内容、答复的合法要件、商业秘密与个人隐私的认定等问题需要继续通过大量实践方能界定诸多不确定法律概念的内涵与外延，而对公开范围的集中编排、公共企事业单位信息公开等问题则最好通过加强立法以弥补当前的缺失。当然，这两种路径分担不是完全分割、互相排斥的，而且从总体上看是始终贯穿、交织在一起的，只不过在某些阶段会更为倾向、更为侧重某一路径而已。

1. 以适用为重点的路径

在申请资格的问题上，"三需要"的解释可以通过更多判决得以具体化，也即判决在解决诸多个案争议中会客观对"三需要"的内涵和外延起到注释作用。虽然当前国务院的规范性文件将"三需要"定性为必须具备的申请要件，法院和行政机关也基本上采纳了这一观点，但是《条例》第 20 条并未对此提出任何要求，这意味着嗣后的同类案件中随时可能会出现将"三需要"排除出政府信息公开申请要件的判决，至少不少判决中已经开始出现对"生产、生活和科研"进行扩大解释的端倪，而且对"等"的解释也产生了"等外等"的萌芽[48]。这些都足以证明，"三需要"的认定缺少的并非一定是《条例》中类似第二条那样的定义条款，而是可以有理由地期待经由大量实践来加以明确，并随着社会现实的变化而相应变化。

在公开范围的解释问题上，政府信息的认定因为有基础定义条款的存在，更容易会通过判决中的不断适用而逐渐实现文义的确定性。社会稳定的认定则已经出现了经由判决发展法条的典型案

---

[48] 参见（2011）浙杭行初字第 82 号行政判决书。

例——周如倩诉上海市人力资源和社会保障局政府信息公开决定案[49]，其在阐明社会稳定判断的基本要件上作出贡献的同时还为之后同类判决的发展提供了良好的先例。信息不存在则可以通过法院在举证责任的分配上减少当事人双方的争议，这也是可以成年累月的法律实践来完成的。

答复的合法要件中最常见的问题乃是"政府信息公开申请是否明确"，究其根本，"明确"的判断成为打开症结的重要一环。通过当前诉讼法的发展与法院司法审查技术的进步，对于具有空缺结构的语言，特别是概念的认定越来越成为日常的工作。在这一背景下，这一概念性的问题只要不断在法院判决中经历捶打，就一定会在原有认识的基础上要么越发细化而成为主流标准要么全盘颠覆而得以正本清源，这是符合司法实务发展规律的。

因此，上述三大争议事项均可以在法院的法律适用过程中实现内涵和外延的逐渐清晰，有基础定义条款的概念无疑会发展，没有定义条款的争议也会在法院循环往复的司法认定中得以"大浪淘沙"，最终获得不掺染杂质的法律认知。

2. 以修法为出口的路径

需借力于修法的主要问题有：《条例》对信息公开范围规定的体系化、统一化问题以及公共企事业单位的规定问题。

如第三部分所分析的那样，《条例》及国务院相关规范性文件对政府公开范围的规定是分散的、凌乱的：既包括总则部分的第2条、第8条以及公开范围的第13条，也涉及《国务院办公厅关于做好政府信息依申请公开工作的意见》（国办发〔2010〕5号），这不仅会

---

[49] 参见中华人民共和国最高人民法院行政审判庭编《中国行政审判案例》（第2卷），中国法制出版社，2011，第223页。

在视觉上造成到处找法却又随时可能遗漏的后果，还对法律的适用造成了不必要的麻烦。比如，有学者认为这一条自身存在逻辑上的矛盾而使其可能成为政府信息公开的"七寸软肋"[50]。翻阅世界范围内的同类立法，美国《联邦信息自由法》明确、集中地规定了九类例外：保密文件、内部人事文件、其他法律要求不予公开的文件、商业秘密等商业和财务文件、政府内部联络、个人隐私、执法性文件、金融制度和地质类信息[51]。英国2000年通过的《信息公开法》在第二章集中规定了国家安全信息等八种绝对豁免信息和妨害外交关系等15种需要判断的有限豁免信息[52]。因此，对于《条例》将公开范围分散放置的完善，可以诉诸立法来实现，这既可以大大减少当前法律适用中的困惑，又可以增强公众对《条例》的了解程度和实际应用能力。

公共企事业单位的问题是近年来不断提上国家日程的重要事项，毕竟其直接关系到很大范围内公众对教育、环境、公共设施、计划生育等与生活息息相关的话题[53]。具体到法规范，《条例》第37条将公共企事业单位信息公开的具体办法制定权交给了国务院有关主管部门或者机构，并在《关于施行〈中华人民共和国政府信息公开条例〉若干问题的意见》（国办发〔2008〕36号）中要求国务院有关主管部门（单位）在2008年10月底前制定具体的实施办法。但是在该时间段内并未出台任何相关具体办法。其后直到2010年7月，才累计出台了5部具体办法，按照时间排序依次为《供水、供

---

[50] 参见王锡锌《信息公开的制度实践及其外部环境——以政府信息公开的制度环境为视角的观察》，载《南开学报》（哲学社会科学版）2011年第2期，第65~71页。

[51] 5 U.S.C § 552.

[52] *Freedom of Information Act* (2000), s.21-s.44, UK.

[53] 在2013年国务院办公厅发布的政府信息公开重点工作安排第一条第九项中就明确提到，"推动以教育为重点的公共企事业单位信息公开"。参见《国务院办公厅关于印发当前政府信息公开重点工作安排的通知》。

气、供热等公用事业单位信息公开实施办法》(建城〔2008〕213号)、《人口和计划生育技术服务机构信息公开办法(试行)》(人口厅发〔2009〕3号)、《高等学校信息公开办法》(教育部令第29号)、《医疗卫生服务单位信息公开管理办法(试行)》(卫生部令第75号)和《环境保护公共事业单位信息公开实施办法》(环发〔2010〕82号)。至此,尚有供电、环保等领域的具体办法未能按照要求出台,这也为这些领域信息公开的实践增加了难度。因此,有必要再次强调《条例》第37条对制定具体办法的要求,力争在《条例》列举的各个领域内信息公开都可以有法可循,并随时注意社会现实变化所引起的公共企事业单位范围的改变[54]。

(三)路径选择的校验

有了争议解决路径的选择倾向,接下来的问题是如何使得这一选择得以证成,也即如何在学理上论证这些选择本身所具备的品质,主要指路径的必要性、可操作性和最优化。

就选择法律适用和法律修改两者而言,前者的必要性突出反映在现实中存在大量的政府信息公开实践。以百度为引擎搜索"政府信息公开"有超过1200万的词条[55],这足以说明问题,而且这还可以让我们合理想象每年涌入法院的政府信息公开诉讼数量,一定也是不在少数。后者的必要性在于仅仅通过法律适用可以解决很多问

---

[54] 比如在"王聚才诉中国联合网络通讯有限公司南阳市分公司不履行政府信息法定职责案"中,法院将联通公司认定为公共企事业单位从而需要承担信息公开义务。参见(2010)宛龙行初字第127号行政判决书;在"张宇不服北京市西城区房屋土地经营管理中心政府信息公开行为案"中,北京市西城区房屋土地经营管理中心被认定为是根据《条例》第37条规定承担信息公开义务的公共企事业单位。参见中华人民共和国最高人民法院行政审判庭编《中国行政审判案例》(第4卷),中国法制出版社,2013,第24~29页。

[55] 网址为:www.baidu.com,搜索日期:2013年11月20日。

题，包括概念的具体化和条文的体系化等，但是对于《条例》本身存在的对于公开范围的零散、公共企事业单位相关规定缺乏等问题，法律适用充其量只能将这些条文在适用时"视为"集中，但绝不可能起到修法所能达到的增强普通公众了解和应用的效果，更何况完全没有条文依据的情形。

大量诉讼案件的出现其实也为法律适用提供了最充分的可操作性，二者是相辅相成的：案件中法律适用的过程源源不断，法律适用的过程又会对案件产生反作用力。可以这么说，法律实践越充分，法条的含义就更有可能得到解释，而后续的案件也可以适用这些越来越明晰的法条。就法律修改而言，《条例》已经迈过五年这道坎，五年的实践中积累的问题也理应引起专事政策制定和法律修改等业务部门的注意，因为这一方面不损害法律具有的稳定性，另一方面又可以使得法律的滞后性得到弥补以及保证法律的灵活性，是一举多得的良措。

言及最优化，如之前所述，法律适用和法律修改各自具有特色和优势，前者有助降低成本、推动实践，但可能需要较长时间，后者则是起效迅速、改变实践，但也存在成本较高的问题。因此，将法律适用作为第一层次的方案首先适用于那些可以通过长时间的法律实践即可以达到目的的争议，接着再将余下的法律条文或者体系上的"硬伤"考虑用法律修改的方式加以完善，最后在综合考量法律修改的必要性、可操作性等基础上再作出最优化的路径选择。当然，这一考虑要始终在效率、公平、正义等多元价值中予以衡量和抉择。因此，相比不断通过国务院的规范性文件、最高人民法院的司法解释进行小修小补式的完善，不如对《条例》本身进行修改，这也有助于提升公众对《条例》的认识水平和应用能力。

五　结语

《条例》已经走过五个年头，其内容也逐渐在公众源源不断的践行中得以祛魅。总结《人民司法》2008年至今所刊载的11个案例，我们发现政府信息的认定、社会稳定的认定、"三需要"的认定等问题成为当前信息公开实践中的重要争议。从法条谱系和理论学说来看，这些争议在逻辑上可以定位为政府信息公开申请的资格、政府信息公开的范围、政府信息公开答复的合法要件和反信息公开诉讼四大重点，这就构成了立法、司法和理论的三者互动，共同揭示出立法本有的秉性、司法蕴含的智慧和理论提供的框架。

同时，致力于为这些类型化的争议找到更好的解决路径，必须以适法为重点，首先保持对既有法规范的充分尊重，运用合适的解释方法，将大部分争议化解在法庭之上，这一方面可以定分止争，另一方面也为树立司法权威、争取司法独立提供了最为基础的保障。在适法确实无法达致既定的法效果，特别是解释者在足够的法律续造工作后仍不能实现法律的宗旨、目的或者秩序、正义等目标时，可以谨慎考虑对立法提出建构性的对策，并对其加以必要的论证。

最后，我国政府信息公开制度的实践处于时时更新的状态，本文运用判例研究的方法只是其中的一条进路，主要的考虑在于将具有权威性、实用性的案例作为考察对象可以最为直接地发现司法实务中的前沿问题，并就这些问题进行理论上的归纳、抽象，为争议的解决提供一个面向的视角。但这毕竟是第一步的工作，随着我国审判公开制度的不断发展，更多数量、更具权威的各级案例一定会涌流而出，为规范法学的研究提供更多基础材料的同时，也为实证法学的开展提供更好的素材，期待这一天早日到来！

Abstract: Since the implementation of the *Government Information Disclosure Ordinance*, the academic research mainly focuses on the theoretical level but the controversy about the government information disclosure in practice is comparatively less. Taking the published case of *People's Justice* as the object of study, we can find that the disputes are focused on the definition of uncertain legal concepts such as government information, social stability, trade secrets and personal privacy. With the help of the Genealogy of law and theory, these disputes can be fixed as the key logical points such as application qualification, public scope, legal elements of reply and anti-information open lawsuit. To solve the dispute, we should follow the principle as focusing on the appropriate law and amending the law to be classified and discussed, the application most problems like the unknown qualifications and ambiguous public scope can be solved by the law application as the main means, however, for the definition of the open scope of the provisions scattered, the difficulties of public enterprises and institutions information disclosure should be responded by the changes of legal text appropriately.

Key words: Public Action on Government Information; Controversy Distribution; Path Selection; Case Study

构建透明高效市场综合监管体系的实践与展望[*]

——上海市市场综合监管调研考察报告

栗燕杰[**]

摘　要：以上海为代表的一些地区，在推进新型综合执法、加强协同机制、创新信用激励等方面进行了市场综合监管的积极探索，其经验做法值得总结提炼。本文在对上海的改革机制进行实地调研的基础上，提出五方面的改进意见，分别为强化顶层设计，消除法律制度障碍、放管有机结合，提高政府治理能力、适度扩张范围，真正形成综合监管、强化诚信建设，落实信用奖惩机制、加强机构队伍建设，完善保障体系。

关键词：综合执法　放管服　改革

近年来，党中央、国务院不断推进政府职能转变，取消、下放和转移了大量行政审批事项，放管结合、优化服务等一系列改革取

---

[*] 本报告为中国社会科学院法学研究所开展的放管服改革调研的成果之一。
[**] 栗燕杰，法学博士，中国社会科学院法学研究所副研究员。

得显著成效。以上海为代表的一些地区,在推进新型综合执法、加强协同机制、创新信用激励等方面进行了市场综合监管的积极探索,其经验做法值得总结提炼,行之有效者更应加以复制并推广。与此同时,上海市在市场综合监管改革中也遇到一些制度性瓶颈障碍,亟待通过顶层设计予以消除。

一 市场综合监管改革的紧迫性与重要性

市场监管是现代政府的核心职能,目的是通过对市场主体行为的引导、规制,纠正克服"市场失灵""市场失信",打造法治、公平、有序的市场竞争环境,释放经济活力。改革开放以来特别是党的十八大以来,我国市场监管进行了多轮改革并取得卓著成效,对现代市场体系的建立与有效运行起到了保障支撑作用。但肯定成绩的同时也应清醒地意识到,多头执法、效能不高、监管缺位、越位与错位等问题,困扰着各地相关执法部门,影响到市场监管的健全完善。党的十八届三中全会提出,"改革市场监管体系,实行统一的市场监管",由此拉开了市场监管改革纵深推进与优化整合的序幕,树立和提出了全面深化改革与全面推进依法治国的新标杆与新要求。各级政府处于推进国家治理体系和治理能力现代化的最前沿,承担着全面深化改革的重要使命。在全面推进依法治国背景下,市场监管的"运动式执法""突击型监管"等传统做法既不能适应现代监管需求,也存在一定的合法性问题。一些地方的市场监管乱作为、不作为,民众投诉举报压力巨大,甚至被职业举报人牵着鼻子走。对此,有必要从全面深化改革与全面推进依法治国的高度出发,对市场监管进行重塑、调整和完善。

第一，新常态下经济可持续发展压力剧增。在新常态背景下，经济增长由高速转为中高速，市场活力有待进一步释放，技术创新逐步成为关键动力源。这给政府市场监管提出更高要求，既要有效维护市场秩序，还要服务于经济健康、可持续发展大局。如何通过市场监管改革，更好地服务于大众创业、万众创新，削减不必要的审批，克服多头反复检查执法，增强服务创新能力，是摆在各级政府面前重要而迫切的难题。

第二，各类矛盾凸显，纠纷居高不下，亟待有效化解。市场领域各种纠纷争议快速增加。一方面是社会消费特别是网上购物的爆发式增长，交易量的剧增存在纠纷爆发的风险。2015年中国网络购物市场交易规模达到3.8万亿元，同比上升36.2%；2016年"阿里巴巴双11全球狂欢节"购物交易额达到1207亿元，跨境网购、农村电商、微商等新生购物模式也广受青睐，消费形式的转变给民众带来巨大便利，同时也引发大量新型纠纷。另一方面，民众维权意识的觉醒，对产品质量、食品安全等要求日渐提高，各类投诉举报呈现井喷式增长。加之商事登记制度改革、一系列法律法规的出台修改、执法体制机制改革，导致新型案件层出不穷。仅2016年，上海市工商行政管理局12315系统受理消费者各类投诉举报23.5万件，同比增长20.5%。市场相关争议的数据激增、类型多样、涉及主体多方，给市场监管带来严峻压力。

第三，执法体制机制严重滞后于实际需要。一是监管条块分割导致碎片化。以备受关注的食品安全监管为例，我国目前既存在农业、林业、牧业等部门按照不同原材料类型的分类监管，还存在生产、流通、餐饮消费环节分段监管，以及中央和地方省、市、县之间的分级监管，监管体制机制严重碎片化，存在不少职能交叉与真空、薄弱地带。监管中的信息不对称问题日益凸显，诸如现制现售、无证照经营、监管对象过于庞杂等问题，是困扰许多地方市场监管的老大难问题。比如，上海自贸区就有超过8万家的各类市场主体，现有机构编制下要采取传统方式达到维护市场秩序的目标可谓是无法完成的任务。二是执法水平不高，违法现象多见。既有缺乏必要的执法规定或规定过于笼统执法程序不明晰问题，又有国家部委与地方政府多种执法规定的冲突适用问题，还有法律虽规定明确但执法机关容易"越轨"或执法人员程序意识淡薄、习惯性违反法律问题，这些问题都使得市场监管行为违法高发频发。三是基层监管力量严重不足。许多地方食品药品基层监管所只有3~5人的编制，却需要管理3个甚至更多的乡镇（街道），而质量技术监督部门甚至未在基层设立分支机构，因而对食品、药品、特种设备等关乎人民群众生命财产安全的高风险领域监管力量薄弱。四是科技业态创新给传统监管模式带来严重挑战。各类新技术、新产业、新业态、新模式层见叠出，传统产业要素不断分解、重组，市场主体表现出产业细分、跨界融合的新趋势，原有的分领域、分环节监管模式，难以适应市场创新的需求。五是民众权利意识觉醒，安全、便捷需求剧增。民众对食品安全问题表现出"零容忍"态度，对市场监管水平提出更高标准的新要求。

在监管资源相对有限与监管任务繁重、监管标准提高的紧张有增无减背景下，市场监管压力剧增。为应对压力，近年来，全国各地积极探索，竞相开展市场监管体制机制改革，优化整合监管资源，提升监管效能。例如，深圳市在组建市场监管局之后进一步整合资源，改设市场和质量监督管理委员会，天津市成立市场和质量监督管理委员会，浙江、福建、重庆、湖北等多个省、直辖市的一些地方也纷纷成立市场监督管理局,这些实践不约而同地将统一、集中监管作为改革方向。

上海市作为全国改革开放的排头兵、创新发展的先行者,上海自贸区作为改革开放的桥头堡,以"制度创新"为核心,以打造法治化、国际化、便利化的营商环境,为我国进一步扩大开放与深化改革,积极探索新思路和新途径。在此背景下,上海市着力构建更加统一高效的市场监管机制。综观全国各地的市场监管体制机制改革,上海市起步早、改革力度大,表现出融合彻底、制度创新等优势。

二 上海市场综合监管改革的理念思路

上海市将市场综合监管改革定位为推进国家治理体系与治理能力现代化的重要任务,放在供给侧结构性改革、自贸区试验、科创中心建设、激发市场社会活力的大格局中,拓展了改革创新的深度、广度。

(一) 兼顾国际接轨与本土需求

国际化趋势是上海市场监管体制改革特别是上海自贸试验区市场监管体制改革探索的重要背景因素。探索与国际投资贸易通行规则相衔接的制度体系,打造开放型经济新体制,建设开放度最高的自贸区,塑造真正的自由贸易园区,是上海自贸试验区建设的重要目标。由此,与简政放权相适应,发挥好市场自主、社会自治的功能,构建与国际社会接轨、高效便民的事中事后监管体制势在必行。

本土需求导向是上海改革的重要驱动力与方向指引。上海市场监管首先考虑到所在区域、行业的监管需求,因为再领先、光鲜的制度机制，如果水土不服也不能发挥预期监管效果。上海通过发掘当地需求，提高监管服务的针对性。比如，率先在危化行业探索引入商业保险的第三方风险防控服务机制。具体做法有：利用保险建立事故先行赔付制度，最大限度降低事故导致的生存危机或群体事件风险；部分保费用于安全生产宣传和事故预防，事故的发生率有所下降；部分保费用于推进危险化学品储存动态管理，设置作业场所台账、手册、标签、MSDS、应急预案等，提升了危化行业管理的规范化水平。

（二）兼顾制度完善与群众受益

简政放权、完善事中事后监管的改革，应处理好"道"与"用"的关系，既要不断提升制度的科学性，还要让民众从改革中受益，增强民众的获得感。

消除制度瓶颈障碍系改革的关键所在。上海市旗帜鲜明地提出"改革不是栽盆景，而是种苗圃"的口号。市场监管改革绝非"裱糊匠"，也非拆东墙补西墙，而是要调整制度、形塑制度，通过法规文件、政策制度固化创新成果，并提炼形成可复制可推广的制度模板，最大限度减少经济社会运行的制度性成本。比如，浦东新区的改革，就明确坚持"浦东能突破、上海能推广、全国能借鉴"的理念，进行改革创新。改革的根本宗旨与最终目标，是通过更完善的治理体系提供更好的公共服务，更好地服务经济社会发展，让公众共享改革成果。衡量改革成效的关键标尺，是看投资创业创新的成本下降还是上升，是企业、民众的感受度和认可度，是消费者、劳动者的切身权益保障水平。上海市的市场监管改革在宗旨上以便民利民为导向，服务创新创业，切实让企业、民众得到实惠。

(三) 兼顾总体规划与试点先行

上海市场综合监管改革，立足全局，从国家战略和本地实际出发，总体规划先行，事先充分调查研究、事后总结提炼创新经验，谨慎试点再不断推广。

盲目冲动乃改革之大忌。一些地方的简政放权与加强事中事后监管改革存在一阵风现象，单纯追求数字，导致审批取消后监管乏力，权力下放后下级承接不住，变相审批死灰复燃等诸多问题。上海市在市场综合监管改革中，突出事先调查研究充分论证，为改革提供有力支撑，通过试点地区的积极探索创新，先行先试，为改革积累经验。对试点探索及时评估，总结经验教训，稳扎稳打避免走形变样甚至倒退走回头路。浦东新区市场监督管理局成立重大改革事项调研组，积极探索转变政府职能、强化事中事后监管的方式、路径，形成系统化的加强事中事后监管规范性文件，涵盖十多项具体改革内容。浦东还建立了"年度十大工作亮点评析"机制，既有利于鼓励改革创新，又将行之有效的探索及时总结提炼，有利于提升改革的科学性，对树立创新思维、营造创新氛围不无积极意义。

(四) 兼顾综合监管与专业监管

我国经济社会日益发展，呼唤更加统一高效的现代市场监管模式，以克服传统分领域、分环节必然出现的交叉重复、空白缺漏等问题；随着市场活动的技术性不断提升，对监管的专业性需求也日益强烈。在此背景下，上海将兼顾好监管的综合性与专业性作为市场综合监管改革的重要维度。

针对以往重门槛准入、资质审批，轻事后执法、行为监管的不平衡管理格局，中央和地方已进行一系列行政审批体制机制改革。改革注意审批事项精简、审批条件简化、审批时限提速同步，并着重补短板，提升事中、事后监管能力。对此，上海市秉持综合监管体系化理念，着眼于"大市场、大监管、大质量、大安全"格局，在减轻企业负担、激活市场创新力的同时，防范控制违法违规行为的可能风险，提升监管的全面性、及时性和瞄准度。摈弃原有部门格局、思维模式、监管习惯，从有利于维护市场秩序、有利于保障公众利益、有利于提升监管效能出发，进行机构、人员、职能、业务的深入整合、重塑，实现各类资源的优化组合，做到服务与监管一体化。

通过机构整合、职能归并，发挥综合型监管与专业型监管的双重优势，上海市着力建构起了具有高度专业属性的综合市场监管体制。通过专业人才队伍的建设培育，上海市不断提高市场监管的专业化水平。特别是在风险系数高、技术性强的领域，实行由专门机构实施专业监管，在专业化要求相对一般的领域则加强综合执法，实现综合性与专业性的统一，做到监管、执法、技术支撑相结合。在机构分工上，突出机关科（处）室和稽查支队（大队）职能设置的专业性，充分发挥基层监管力量功能的综合性优势。

（五）依托"互联网+"与科技支撑

在信息化时代背景下，上海市高度重视"互联网+"，发挥信息技术在监管中的功能，秉持"信息归集是基础、共享应用是关键"的理念，将信息化监管与信用惩戒激励有机统一，向科技要监管能力。一是推进"移动监管"。加快移动监管系统建设，在市场监管各领域全面推进移动监管,实现了市场主体、监管信息的移动查询,监管情况的移动导入,违法线索、证据的实时固定。二是落实"溯源管理"。利用物品编码、物联网等技术,加强重要产品的质量追溯体系建设,完善信息溯源电子档案,主动防范的能力显著增强。三是探索"以网管网"。通过与第三方合作,依托自动化监测平台,开展对网络经营行为的自动监测、实时监控,通过从传统监管向信息化监管转变,不断提升监管效能。

三 上海市场综合监管的经验创新

为构建权责明确、公平公正、透明高效、法治保障的市场监管格局,上海市市区两级政府及其职能部门、镇街站所进行了积极探索创新,取得了大量行之有效、可以复制推广的经验做法。

(一)打破条块分割,形塑大监管执法体系

《中共中央关于全面深化改革若干重大问题的决定》提出,"整合执法主体,相对集中执法权,推进综合执法,着力解决权责交叉、多头执法问题,建立权责统一、权威高效的行政执法体制"。上海市各区通过设置市场监督管理局的机构改革,在市场监管领域从多头执法逐步走向集中统一执法。通过前期开展业务梳理、需求分析和系统接入等准备工作,上海市各区将工商领域15个双随机检查事项、质监领域17个监管事项、食药监领域17个监管事项、物价领域3个监管事项,纳入事中事后综合监管平台。由此,"九龙治水"的老大难问题得以化解,监管重复、监管盲区大幅消除。

为确保体制改革与机构整合落实到位,避免出现"形合实不合"

的弊病，上海市各区在设置统一的市场监督管理局基础上，继续推进内部管理的一体化，对服装、标识、规章制度、办公场地等进行统一管理。建立完善统一的会议制度、"三重一大"制度、资产管理制度、财务管理制度、后勤管理制度等一系列内部管理规范，对市场监督管理局所有资产进行核查清理并统一登记，做到了财务管理一本账、资产管理一本账，并实现了"六统一"，即统一办公自动化系统、统一文书处理、统一文件收发、统一信息发布等。内部运行的一体化和标准化，为机构改革顺利落地夯实了基础。浦东新区市场监督管理局还试点信息化优化整合统一，推动工作门户、办公平台、受理平台、执法平台、诉求平台、监管平台、身份认证等的"七统一"，体制改革从"物理整合"迈向"有机融合"。

上海市把凝聚条块合力作为提升监管效能并减少执法风险的重要举措。在区县市场监管部门实行属地化管理的同时，加强业务工作的条线指导，增强市场监管的独立性、专业性，发挥好监管执法的主力军作用；在块的层面加强市场监管部门与属地其他行政部门、司法机关的合作、联动，共同净化市场环境，加大对属地经济社会的支撑力度。针对复议诉讼中的高发问题，政府法制部门还会同业务指导部门编制系列问答手册，统一观念、认识和做法，最大限度降低败诉风险。

（二）做优做强基层，打造大基层工作格局

夯实基层，是上海市场监管体制改革的重要组成部分。上海市在机构编制总人数保持稳定的情况下，通过机关瘦身做减法、基层强身做加法，大幅充实一线监管力量。各区市场监管部门机关科处室平均精简34%，机关编制平均精简26%，近80%的人员被充实到基层执法一线。改革后,各区市场监管局基本在每个街道和乡镇对应一个基层派出机构,为街镇与基层派出机构协同监管打下基础。

以浦东新区为例,改革前工商、质监、食药监和物价部门共有29个内设机构,改革将近似、交叉、相关职能尽可能整合到同一科(处)室,内设机构缩减到18个,以加强"最后一公里"的一线执法力量。各区市场监管局在基层设立派出机构,机关精简的人员全部充实到基层一线,并将量大面广、专业技术要求相对不高的职能下放基层。浦东新区在每个街镇均设立了市场监管所,并按照"3+X"模式进行分组,即综合组、监管组、办案组加上专业组,其中综合组负责内务管理、注册登记等事务;办案组负责辖区内重点执法办案和其他重大事务;监管组负责网格化综合监管。各市场监管所根据辖区特点、需求设立若干个专业组,负责食品药品、特种设备、网络经营等相对专业性监管。每个市场监管所确保20人左右的编制,监管网络有效辐射全区,违法违规活动发现、处置的及时性得到提升,填补了传统监管的空白领域并强化了原来的薄弱环节。

(三)提升执法效能,整合再造监管全流程

在机构改革的"硬件"完成之后,"软件"层面的流程整合再造具有贯通作用,否则形合实不合、貌合而神离,市场综合监管难以发挥实效。上海市对市场综合监管实施内外流程再造,积累起丰富的有益经验。

一是统一市场监管调查处置程序。针对工商、质监、食药监、物价各类执法程序迥异,机构整合后水土不服的问题,上海市政府法制办牵头、市政府四部门参与起草《上海市市场监督管理行政处罚程序规定》,并由市政府审议通过。为保障市场监管机制的顺畅运行,优化执法办案流程,建设统一制度、统一流程是上海市场监管改革的重点所在,具体包括统一执法办案文书、统一办案流程、统一案件审核机制、统一罚没物资管理办法等内容,逐步实现市场监管各领域监管、执法、办案的一体化与标准化。其中,徐汇区市场监督管理局将改革前工商、质监、食药、物价等部门的241种执法文书,通过梳理整合归并为79种法律文书,使执法更流畅、更高效。

二是事中事后监管探索清单管理。以编制并公开权力清单、责任清单为契机,徐汇区进一步编制事中事后监管机关的审批事项、处罚事项、监管事项三张清单。浦东市场监督管理局对内部运行机制予以再造,将专业领域监管、大案要案查处等职能赋予稽查支队,将量大面广、专业性要求较低的常规性、即时性、简易性职能事项下沉到基层市场监管所,构建处室精专指导—支队专业监管—基层所综合执法—检验机构技术支撑的"四位一体"监管格局。

三是机制创新明确权力责任。徐汇区严格按照"谁审批、谁监管;谁主管、谁监管"的原则,遵循标准化思路,厘清部门监管职责及执法依据,明确各行政部门的职责权限、程序流程、措施手段;对法律法规未明确、监管部门或职责规定不明确的事项,则按照有利于提升监管效能、财权与事权匹配、权力与责任一致、管理重心适度下移等原则,确定责任主体部门,既避免了部门间的推诿扯皮,也避免出现监管真空。

四是多管齐下提升监管水准。上海以综合监管随机抽查取代了传统的市场巡查方式。以市场综合监管机构改革为基础,建立起"一次出动、一表共用、综合检查、全程公开"的工作方式。探索整合构建集约化的综合检查机制,内容涵盖企业登记事项检查、信用信息核查、行业管理规范、经营行为监管等,将对重点监管对象的所有检查项目要求整合到"一张表",为基层监管提供指引,由此以往巡查一个大卖场需要使用11张不同表格到现在只需要1张表格,并且该机制的事项公开、标准公开、程序公开、对象公开、结果公开等全程公开透明。随机抽查综合执法监管制度顺畅运行效果明显,对企业违法违规问题的平均发现率,从单纯开展企业信息抽查的17.3%,上升到双随机综合执法的49.5%。

浦东新区市场监督管理局探索建立起"全项彻查"新机制。考虑到经济发展新态势和"福喜"事件①所暴露的问题,浦东新区自2014年起对高风险企业实施全项彻查新机制。全项彻查是指在一段时间集中优势执法力量,对高风险企业实施全方位、全过程彻底检查。具体做法是,科学选取监管对象作为彻查对象,结合节令产品特点、社会关注热点、食品安全焦点、风险评估材料等因素合理安排彻查时间、制订彻查预案,在全局抽调业务骨干组成彻查队,根据专业特长和监管需求细分工作小组,突击性进驻企业并分组对生产现场、存储仓库、台账记录、账册资料等关键环节开展检查,覆盖改革前四个部门的16个检查环节、46个检查项目,一旦发现疑点则现场固定证据并第一时间联系其他小组,通过"顺查""逆查""以物查账""以账查物""实地核查与书面核查相结合"等方法,检查环节覆盖采购、生产、销售、回收销毁的各个环节,监管力度大、威慑力强,市场秩序为之焕然一新。

五是监管处置分类施策。对于违法违规经营,包括固定场所的

---

① 2014年7月,上海电视台曝光,上海福喜食品有限公司存在大量使用过期变质肉类原料的行为,通过过期食品回锅重做、更改保质期标印等手段加工过期劣质肉类,再将生产的麦乐鸡块、牛排、汉堡肉等售给麦当劳、肯德基、必胜客等一批国际知名快餐连锁店。该事件的发生引起民众对食品安全的强烈关注。

违法违规经营和流动摊贩的违法违规经营，一体加大综合治理力度。一方面，结合商事登记改革提供出口予以疏导，引导服务经营主体办证办照纳入依法经营的轨道；另一方面，对确实违法且无纠正空间的违法违规经营，予以有力打击；针对违法违规经营根治难、回潮快的特征，以制度化、程序化为突破口，整合各部门法律资源，实施联合整治。以餐饮行业为例，对由于种种原因未申请取得相关许可，与民众生活密切相关，且不影响周边居民生活的社区服务、小型餐饮服务，上海市采取督促整改规范或调整业态的措施，以促进其发挥服务百姓民生的功能，对确实损害民众健康安全的，则严厉处置。

六是完善权利救济与纠纷化解机制。针对分散的12345、12315、12331、12365、12358等多条投诉热线并存的问题，上海各区市场监管局对投诉热线予以整合归并，建立"公众诉求处置"一体化平台，实现了"五线合一、并网处置"。针对基层现实需求，成立专门的投诉举报中心，实行"一口受理、统一分派、及时处置"，应对疑难复杂问题的能力显著提升，答复更加专业统一。由此，针对消费者投诉的平均办结时间比法定时限缩短了近3/4。

（四）实施信用管理，依托大数据提升水准

在信息时代背景下，市场监管必须适应时代特色与需求，将信息、数据作为现代监管体系的重要抓手。在这方面，上海市依托信息技术，构建基础数据库，并通过数据的归集、共享、加工、发掘、再利用，不断提升治理能力。

一是基础信息全面完整。徐汇区通过与市有关部门积极对接，实现市法人库、人口库、空间地理库、市场主体库、信用信息库、实有房屋库等六大基础数据库在徐汇落地。徐汇区按照"一数一源"对落地数据进行梳理编目，建立起本区层面统一、动态的监管信息资源数据库。上海市为每个市场主体提供伴随终生的独一无二的统一代码，实现了以一张执照、一个代码办理银行开户、社会保障、车辆登记等多种手续。徐汇区依托统一代码为每个监管对象建立诚信档案，将各类监管信息归集到监管对象名下，为全区所有企业建立"一户一档"的电子数据库。由此，覆盖广泛、互联互通的社会信用体系基本形成，这为跨部门、跨领域的综合信用惩戒机制打下扎实基础。

二是部门间信息共享制度化。上海市注重大数据在市场监管中的作用发挥，通过加强各部门、各条线数据的归集、整合，完善市场监管部门数据与其他相关部门、行业协会、企业数据之间的交换、联动，通过数据的公开、共享、分析、加工、再利用，提升市场监管效能。发展至今，已经做到了监管对象和监管要素的全覆盖。针对事业单位、社团组织、民办非企业组织、个人合伙、自然人等监管对象不具有营业执照、存在监管盲区等问题，徐汇区通过"主体名称+经营地址"的方式将之纳入信息平台。探索对监管对象在人、物、地、事、情的全覆盖。《上海市政府部门公示企业信息管理办法》出台实施后，国家企业信用信息公示系统（上海）已经归集发展改革、经信、商务等29个政府部门自2014年10月1日起产生的涉企信息和工商、市场监管的登记、备案、处罚、抽查检查等涉企各类信息。

三是完善部门间协作机制。市场从信息孤岛、以邻为壑到形成制度化协作机制。上海市工商行政管理局加强与市规划、国土、财政、质监和市委统战部门的协同合作，与市信用信息服务中心、卫生计生委征询合作备忘,建立起部门间协同监管工作机制,推行"双告知、双反馈、双跟踪""双随机、双评估、双公示"机制。徐汇区在确保安全的前提下,依托区网上政务大厅构建的横向平台,实现与审批、监管、处罚部门、街道数据共享,一线监管执法效率显著提升;并对后续行政活动中生成的新信息,按照"一致性、真实性"标准予以补全,建设内容完整、动态更新的数据库,有利于打造"审批—监管—处罚的治理闭环体系"。

徐汇区确定各部门间提请信息共享、线索移送、证据互认、实施联动惩戒的标准,接下来建立了跨部门联动相应机制和失信惩戒机制,失信者、违法者"一处失信、处处受限"的诚信约束机制正在形成。市场主体登记信息发生变更时,其他部门可根据市场监管部门推送的数据调整有关登记信息,自动掌握,无须企业另行申报。

(五)夯实监管力量,推进执法类公务员改革

上海市委组织部、市人力资源和社会保障局、市公务员局联合出台《关于在本市开展行政执法类公务员分类管理改革试点工作的指导意见》。浦东新区市场监督管理局率先启动行政执法类公务员分类管理改革试点,以"现场一线执法队伍"为重点,实施行政执法类职务新序列;以职务分类和收入分配改革为突破口,实施优绩优酬的管理激励机制,以打造职业化、专业化执法队伍。

一是针对以往基层执法人员受机构规格和职数限制,晋升空间有限、速度迟缓影响干部成长和工作积极性等问题,推进行政执法类公务员职务新序列。设置独立于综合管理类的职务层次从"二级行政执法员"到"一级高级主办"共10级,为执法人员发展提供较

为广阔的空间。

二是针对以往执法人员干多干少一个样、干好干坏一个样的弊病，着力推行执法效能考核评价体系，并与收入分配、职务晋升相挂钩。特别是把考核结果作为绩效奖金发放的主要依据，奖金分配与职务职级彻底脱钩，使得执法人员激励有了抓手，队伍活力得到激发。

三是优化基层执法队伍人员结构，强化素质。一方面，科学配比老、中、青各阶段人员组成，确保每个基层市场监管所均有不少于25%的青年执法人员。另一方面，加强培训，提升人员素质。上海市市场监管人员培训凸显问题导向思维，充分考虑基层需求。其培训以《行政诉讼法》《行政复议法》以及近年来行政复议、行政诉讼案件中出现的常见问题为重点，旨在克服执法监管中的瑕疵漏洞。浦东新区市场监督管理局按照通专结合、一专多能的培养模式，设计行政执法类公务员培训的通才计划和专才计划；还对局办公平台的"教育培训"板块进行再造，实现培训项目、学分审批、分派统计查询等功能，通过教育培训信息化大幅提升培训效能。

四　市场综合监管改革的展望与努力方向

在上海市场综合监管改革已取得成效的基础上，针对市场综合监管改革中的共性问题，有针对性地加以克服，明晰未来发展的方向路径，无论对上海还是其他地区，都具有重要意义。

（一）强化顶层设计，消除法律制度障碍

市场综合监管体制改革已到了需要通过顶层设计自上而下统一

部署安排实施的阶段。由于下合上不合,许多地方的职责交叉、重复监管弊病不能得到根除。中央和省级层面"婆婆"众多,制约了基层改革的深入推进。基层市场综合执法机构要面对上级政府不同条线上的要求,疲于奔命。上海市场综合监管体制改革在区、街镇层面推行,上海市级、中央层面仍按兵不动。对市场监管局干部的问卷调查统计结果显示,分别有64%的机关干部和55.5%的基层干部认为,"市区两级监管体制不同、工作复杂"是改革中遇到的最大难点。对此,立足于各地改革创新探索,应将中央层面的部门机构改革提上议事日程,并考虑对《食品安全法》《消费者权益保护法》《产品质量法》等多部法律、数十部行政法规启动联动修改,适应综合化、信息化、智能化的市场新型监管需求。

(二)放管有机结合,提高政府治理能力

从世界范围看,对市场活动秉持放管并重的原则为主流,宽进与严管并行不悖,许多发达国家在放松对微观经济活动管制(deregulation)的同时,也加强了对安全、健康、环保等领域的监管,对危害公平竞争、侵犯消费者权益的行为严惩不贷。在简政放权方面,有必要将权力下放与监管体系完善有机统一,绝不能"一放了之"撒手不管,而应以放促管、以管保放、放管融合。必须明确,在放的方面,通过积极推行政府职能转变,进一步放宽市场准入,完善事中事后监管,构建宽进严管的管理新模式。在严管方面,构筑对象全覆盖、流程全涉及的综合化、立体型监管体系;并区分轻重缓急,体现针对性,重点处理民众关切的食品药品、特种设备、消费安全等高风险、重难点领域环节。在提升治理能力方面,还应完善多元共治。单靠市场监管执法机构一家单打独斗,维护市场秩序势必难上加难。通过市场、社会各方主体的引入，发挥行业协会、中介组织、消费者组织、新闻媒体等在市场监管中的作用，政府、社会、市场机制形成合力，必将对市场监管难题的破解提供出路。

(三) 适度扩张范围，真正形成综合监管

从全国范围看，各地市场综合监管职能归并各有特色。上海的四合一，浙江部分地区的工商、食药监二合一，重庆等地的工商、质监、食药监三合一，深圳、佛山还探索"3+X"，即工商、食药监、质监整建制合并再加上知识产权、酒类、文化市场监管等职能。有必要总结各地经验教训进行顶层设计，将类似职能、相近职能、上下游职能等情形，在对象上将旅游市场监管纳入，在管辖模式上适应网络化时代需求突破传统地域管辖模式等，市场环节上更加全面完整，诸种因素予以通盘考虑，真正构建专业化大综合监管体系。

(四) 强化诚信建设，落实信用奖惩机制

依托信息化的信用监管，强化信用激励机制，是今后完善市场综合监管体系、提升监管能力的重要抓手。其重点有以下方面。

1. 强化信息归集工作

针对企业年报、经营异常名录、严重违法企业名录、失信被执行人名单、老赖黑名单等数据，未完全落地统一入库，尚未能形成合力的问题，应以部门三定方案、权力清单、责任清单为依据，将所有涉及监管的职能部门全部纳入事中事后综合监管平台，所有行政审批、监管、处罚、确认、备案等职能行使情况在系统中动态记录，全程留痕，并要求职能部门行使相关职权的执法人员、审批人员全部开通系统用户账号，审批监管信息及时上网。另外，针对各个平台存在各自为政、数据标准格式各异、对接存在困难的问题，有必要加强平台的整合与集约建设，提升信息归集的效率。最终建成审批、处罚、监管等信息数据来源可查、去向可追、监管留痕、责任可究的信息归集系统。

2. 个人与企业信用信息相结合

当下许多地方的信用体系建设存在个人、企业"两张皮"的弊病。大量中小企业往往在短短数年后就注销，企业主、高管则金蝉脱壳另起炉灶，使得信用公示和约束的效用大打折扣。因此，将个人、企业信息建立共享关联非常必要。浦东新区与第三方征信机构"芝麻信用"联合，打通了企业与个人信用信息的共享通道，推动完善信用约束机制。从顶层设计层面看，有必要建立完善国家层面整合统一的自然人、企业组织单位信息相联通的诚信征信系统。

3. 完善信用激励机制

上海市已经采取措施，对信用状况良好的个人、单位，在行政管理活动中开设绿色通道、优先办理；对信用状况不佳的单位、个人，则采取相应的限制、约束措施。比如，徐汇区探索根据监管对象的违法失信情况，采取限制房产交易、将违法信息计入诚信记录等措施。浦东新区探索完善网络顶层平台联手，实现了政府部门监管信息与平台商户信息的互联互通。未来，相关激励措施还应进一步拓宽适用范围，并予以细化。

4. 强化信息系统的治理功能

即便在上海，统一平台的功能仍以信息采集为主，而服务监管执法的功能开发应用仍较为滞后，无法满足一线执法的监管需求。为此，需分层分级设置权限，并赋予基层监管站所一定的系统使用权，并继续开发信息系统的监管功能。当下各行政部门在系统平台上以实施单部门、单事项为特征的行业性监管为主，今后应注重开发跨部门、跨层级、跨区域的综合监管功能模块；同时完善数据的上报、分享功能，将日常监管发现的失信企业信息、处罚信息及时上传上报，以发挥联动监管和联合惩戒的作用。

（五）加强机构队伍建设，完善保障体系

新型市场综合监管体系的有效运行，离不开强有力的保障机制。在市场监管改革中，应高度重视以下几个方面的建设。

一是应注重机构建设。实至名归而强有力的机构组织是市场综合监管得以有效实施的组织保障。"名不正则言不顺"，有必要明确并巩固市场监管机构的行政属性，增强监管权威性。不少地方的市场监管机构被定位为事业单位的执法手段、强制措施均难以到位而损害到监管权威。在此，徐汇区的经验值得推广。徐汇区将承担行政职能的事业单位的行政职能收归行政机关，转为行政机关内设机构或行政机关所属的行政执法机构。

二是加强队伍建设。市场综合监管的推进，不仅使专业执法人才队伍的缺口凸显，而且大量一线执法人员还面临从单一业务型向综合业务型的转型升级。因此，人员编制应向一线执法人员继续倾斜，并加强专业技能培训和指导，通过培训提升执法人员监管能力、执法水平；还应建构科学的绩效评价机制，通过奖优罚劣释放执法积极性，绩效评价应当充分体现监管成效、办案质量、群众满意度和职业操守。

三是着力装备建设。提升市场监管能力需要依托现代科技和信息化，相关设备必不可少。在硬件方面，应将无人机及具备录音、录像、人脸识别、事件预警的全天候监视监听设备设施、快检设备等国内乃至世界领先的设备设施引入市场监管;在软件方面,应充分利用信息化,研发并不断升级系统平台和移动终端,做到移动端、指挥中心、系统平台的无缝衔接。

Abstract: In some areas represented by Shanghai, we have carried out a positive exploration of comprehensive market supervision in the aspects of promoting new-type comprehensive law enforcement, strengthening cooperation mechanism and innovating credit incentive, and its experience is worth summarizing and refining. Based on the field investigation of Shanghai's reform mechanism, this paper put forward five aspects of improvement suggestions, respectively, to strengthen the top-level design, the organic combination of eliminating the legal system obstacles and discharging, improve the government's governance capacity, expansion of the scope moderately, obtain the real formation of comprehensive supervision, strengthen the construction of credibility, implement of credit rewards and punishment mechanism, strengthen the construction of the organization team, improve the security system.

Key words: Comprehensive Law Enforcement; to Streamline Administration; Delegate more Powers to Lower-Level Government and Society; Improve Regulation and Optimize Services; Reform

司法责任制下新型审判团队构建研究

魏新璋[*]

摘 要：构建新型审判团队，是当前人民法院贯彻中央关于深化司法体制改革的总体部署，优化审判资源配置，实现"让审理者裁判、由裁判者负责"的一项重要举措。从目前不同模式的改革试点实践来看，改革均取得了一定的成效，但也存在诸多值得探讨和商榷的方面，各种模式仍应通过运行成效来检验和进一步修正。构建新型审判团队应考量法院审级、人员结构、案件情况、辅助力量等因素，遵循司法规律、回应实践需求、注重人案匹配、提高司法效益、继承优良传统。在模式选择上，就中级法院而言，可以选择1+1+2+2+N+N（N+N≥6）的审判团队模式，即由1名院领导、1名资深法官、2名有一定审判经历的法官、2名入职时间不长的年轻法官、N名法官助理、N名书记员组成基本规模的审判团队。

关键词：司法责任制 审判团队 构建

---

[*] 魏新璋，衢州市中级人民法院院长。

司法责任制的改革目标是严格遵循司法规律，科学划分审判组织的职权范围，落实审判责任制，形成权责明晰、权责统一、监督有序、制约有效的审判权运行机制，实现"让审理者裁判、由裁判者负责"，确保司法公正。随着司法体制改革的深入推进，特别是法官员额制落地和人员分类管理逐步实现，科学组建新型审判团队成为落实司法责任制改革的迫切任务。没有科学合理的审判团队，员额制改革和司法责任制改革就会搞成"两张皮"。从全国各地法院的做法和积累的经验来看，组建科学的审判团队是优化资源配置、提高审判绩效的必由之路。

一 审判团队组建的实践演进

（一）"审判庭"模式

本轮司法体制改革前的法院工作实践中，我国法院基本上都是根据《人民法院组织法》的规定，构建以审判业务庭为单元的审判团队。"审判庭"模式的基本框架是：首先，根据案件类型，构建了民事庭、刑事庭、行政庭、立案庭、审监庭以及执行庭等审判业务庭；其次，在审判业务庭中下设若干合议庭或审判组，合议庭或审判组由审判长（审判员）、助理审判员、书记员组成，合议庭和独任审判员两大法定审判组织承担案件的具体审理，由此形成庭长、审判长、助理审判员、书记员这样具有一定层级关系的团队运作模式。而庭长又具有作为审判业务庭行政首长的角色职能，也即是该团队的负责人，对外代表审判业务庭活动，对内负责审判业务庭内包括案件质量把关、审核签发裁判文书、庭内各种事务管理等。

随着司法改革的不断推进，以审判业务庭为单元组建的审判团队，在实践中越来越明显地暴露出弊端和问题。一是审判业务庭管理的运行模式秉承了行政机关管理的传统理念和模式，管理高度行政化，用行政的方式支撑司法权的运行，不符合审判规律的内在要求。二是法官成为纯粹的被管理对象，其审判中的独立性、中立性、亲历性、判断性等荡然无存，法官办案的积极性、创造性、主动性难以发挥。三是责任模糊，高度行政化的审批模式分散了审理者和各个环节的责任，导致彼此依赖、相互推诿，最终无人对裁判的质量负责，影响了裁判的质量和效率。四是审判业务庭的审判事务、审判辅助事务、行政事务等相互交织，庭长的管理事务日趋庞杂。

（二）"审判长负责制"的合议庭模式

审判长是指在人民法院审判案件所组成的合议庭中，负责组织审判活动的审判人员。审判长不是固定职称，是为审理某一具体案件而临时指定的。审判长原本只是一种单纯的审判职务而非行政职务，审判长的职责与权限只与具体案件的审判事务有关。

《人民法院第一个五年改革纲要（1999~2003）》提出："推行审判长选任制度，充分发挥审判长在庭审过程中的指挥、协调作用。"2000年，最高人民法院出台《人民法院审判长选任办法（试行）》，对选任工作原则、审判长的配备、审判长的条件、选任程序、职责、管理与监督、免职与惩戒、待遇等进行了规定。之后，全国各级法院相继推行审判长选任制度。审判长选任制被称为"还权于合议庭"的重要举措，通过选拔精英法官担任审判长，优化合议庭结构，提高合议庭的裁判能力。但是，在司法实践中，审判长的角色得到了不当强化，职务的行政化倾向比较明显。不少地方法院把审判长当成一种政治待遇和隐性职务，将其定位为副庭长之下的一个职级,实际上是在法官和法院内部体制内又增设了一个职级。从司法规律角度看,审判长只是合议庭的主持者,不是领导者。在司法改革过程中,有的地方法院在完善合议庭办案责任制时,将原来由院庭长行使的审判管理权和审判监督权交由审判长行使,过于突出审判长的行政作用,不符合合议庭成员平权原则[①]。

(三)新型审判团队模式

《最高人民法院关于完善人民法院司法责任制的若干意见》出台后,全国各级法院纷纷开展了不同模式的审判团队改革探索,以期通过构建科学、合理的新型审判团队,实现审判质效提升、管理效能提高、资源配置优化的目的。从目前改革实践来看,主要有以下几种模式。

第一种是随机组成合议庭模式。此种模式以最高人民法院第一巡回法庭、第二巡回法庭、第三巡回法庭以及一些案件数量较少、入额法官较少的基层法院、新设立的基层法院为代表。例如,最高人民法院第一巡回法庭设庭长1名、副庭长2名、主审法官9名、助审员2名、法官助理13名、书记员10名、综合行政人员6名。其中,每名主审法官配备1名法官助理、1名书记员组成审判团队,分别负责审判、审判辅助和审判事务性工作。同时巡回法庭按照"让审理者裁判、由裁判者负责"的原则,实行主审法官、合议庭办案责任制。巡回法庭实行扁平化管理,不设固定合议庭和固定审判长,而是由电脑随机生成合议庭组成人员,谁是案件的承办法官,谁就是该合议庭的审判长(巡回法庭庭长、副庭长担任合议庭成员的除

---

① 最高人民法院司法改革领导小组办公室编著《〈最高人民法院关于完善人民法院司法责任制的若干意见〉读本》,人民法院出版社,2015,第147~149页。

外)。也有许多法院的审判庭下不再设固定成员的合议庭或者固定成员的审判团队,合议庭成员完全在本庭入额法官之间自由搭配、随机产生,法官助理和书记员根据院庭长的指派承担相应的工作。

第二种是审判团队模式。此种模式以贵州、江苏、浙江、广东等地大多数改革试点法院为代表。该模式根据法官人数以及与审判辅助人员的不同比例组合,又有不同的划分。目前实践中主要有以下几种模式。A."1+1+1"模式,即由"1名法官+1名法官助理+1名书记员"组成一个审判团队,同时根据案件数量、案件难易程度和辅助人员力量等不同因素,一些地方采取"1+N+N"模式动态设置。有的地方建立专门办理简易程序案件的审判团队,将全院所有简易程序案件交给这些团队审理。当然,在"1+1+1"的情况下,法官也可以吸收2名人民陪审员组成合议庭审理案件。B."3+3+1"模式,即将原来三人合议庭中每个法官各配一个书记员"3+3"的结构调整为"3名法官+3名法官助理+1名书记员"的结构。在这种模式下,法官助理与法官之间的搭配是固定的,但是书记员则跟审判团队,不固定搭配法官。C."3+2+3"模式,即3名法官正常情况下与3名书记员"一审一书"模式审理独任审判案件,遇有普通程序案件3名法官自然组成合议庭,2名法官助理(这里法官助理的数量是可变的)同时服务于整个团队的送达、取证、庭前会议等工作,书记员则主要负责庭审记录、案卷装订归档等。

第三种是相对固定合议庭模式。此种模式以吉林、上海、广东佛山、深圳福田等地为代表。例如,深圳福田法院改革长期以来只以审判业务庭为管理单元的大一统机构模式,把审判团队作为基本的办案单元和管理单元。突出法官主体地位,给法官配备工作团队,形成以法官为核心、团队协助开展工作的新型审判工作机制。该院目前成立了 59 个审判团队,包括立案团队 1 个,速裁快调快审快执团队 14 个,普通审判团队 29 个,执行团队 15 个。按照法官与助理的不同配置形成了三种模式,其中"1+2+3"模式的团队 37 个,即 1 名审判长带 2 名法官、3 名法官助理;"1+1"模式的团队 9 个,即 1 名法官带 1 名法官助理;"1+N"模式的团队 13 个,即 1 名法官带若干名法官助理,主要用于配置速裁快审快执团队,适应速裁、快执案件时限短、节奏快、辅助工作量大的特点。其中,"1+2+3"模式系深圳福田法院主要的审判团队组建模式,即以相对固定的合议庭为基础,原则上以 3 个基础审判单元组建成 1 个相对固定的审判团队。与前述第二类模式不同的是,这些审判团队均是在保留审判庭建制的前提下以相对固定的合议庭为基础组建的,另外很重要的一点就是在合议庭或者审判团队仍然保留了审判长。

笔者认为,以上审判团队组建模式各有利弊,难以断言哪种模式就一定优于其他模式。从目前不同模式的改革试点实践来看,均取得了一定的改革成效,但也存在诸多值得探讨和商榷的方面,各种模式仍应通过运行成效来检验和进一步修正。

(四) 浙江省衢州中院构建新型审判团队的实践

为切实落实法官员额制和司法责任制,优化司法资源配置,规范审判权力运行,2016 年 10 月份起,衢州中院就组织开展全面、深入、具体的摸底调研和数据测算,充分掌握人员基本情况、岗位意向、案件组成等情况,着手开展审判团队组建工作。12 月底,衢州中院全面完成 26 个审判团队组建工作,员额法官、法官助理、司法辅助人员等均调整到位,并于 2017 年首个工作日(1 月 3 日)起正式运行,司法体制改革取得实质性进展。

坚持扁平化和专业化相结合，科学组建审判团队。积极推进法院内设机构改革和管理方式的转变，以确保审判执行一线办案力量需要为基本前提，坚持扁平化管理和专业化建设相结合，统筹做好现有人力资源整合和审判团队组建。一是科学整合内设机构，合理调整院领导分工。遵循法院工作规律，对院领导工作分工重新进行调整。根据案件类型对原有业务部门进行整合，将审判业务相通、工作思路相近、裁判方式相同的部门由同一名院领导分管，便于统一调度使用相关部门力量，集中优势力量办难事、破难题。如将民事一庭、民事二庭、破产审判庭、执行局集中由一个院领导分管，将刑事一庭、刑事二庭、减刑假释庭也归属一个院领导分管，从而有效打破了部门之间工作上的"物理隔离"，体现了"审执兼顾、裁执分离、执破衔接"的要求，既能更好地实现办案流程推进过程中前后程序、相关措施相互照应、密切衔接，提高司法效率，又有利于司法尺度的统一，提升办案质量。实行综合部门"大部制"改革，将办公室、研究室、审管处、审监庭等涉及文秘、调研指导、审判管理工作的部门集中由一名院领导分管，实现综合部门之间信息互通共享、人力资源统筹调配使用，实现综合部门之间更好地分工协作，减少梗阻、提高质效，同时，能更好地发挥综合调研部门作为院领导参谋助手的作用，提高决策的精准性、实效性。二是灵活组建审判团队。首批员额法官33名，其中院领导7名，以其余26名员额法官为核心组建26个审判团队，其中3个为专业化审判团队，分别是2个破产审判团队和1个环境资源与旅游审判团队，培养专家型法官。各业务条线根据不同类型案件的数量情况，选择"1+1+1"或"1+N"两种团队配置模式，提升团队组建的针对性和实效性。同时，充分考虑学历背景、工作经历、业务专长、能力水平等因素,既尊重法官意愿也考虑实际需要,既尊重人的个性习惯也关注团队融合,既有利于工作推进也有利于法官培养,实现人岗相适、人事相宜,有效激发团队的整体战斗力。

二 组建审判团队的考量因素

审判团队是以办案为目标任务,以法官为中心,配置一定数量的法官助理、书记员等司法辅助人员组建而成的相对独立、密切协作的办案单元和管理单元。审判团队以公正高效审判为共同目标,以法官为团队中心,人员相对固定,以分工负责、互相配合、密切协作为运行基础,在价值建设上有去行政化、提升审判效率、提高管理效能、优化资源配置的功能[②]。组建科学合理的审判团队,应考量以下因素。

(一)法院审级

党的十八届四中全会决定明确提出,完善审级制度,一审重在解决事实认定和法律适用,二审重在解决事实法律争议、实现二审终审,再审重在解决依法纠错、维护裁判权威。我国法院实行的是四级两审终审制度,不同的审级,职能定位不同,对审判组织的形式要求也不相同。基层法院大多数案件采用独任制,中级法院的案件则需要采用合议制(当然对一审适用简易程序审理的案件二审是否也可适用简易程序,这是立法上值得考虑的问题),故不同审级法院审判团队的组建不应拘泥于统一模式。事实上,约占全国法院总人数76.9%、全国法院办案总数90%的基层法院,大多数案件适用

---

② 马渊杰:《司法责任制下审判团队的制度功能及改革路径》,《法律适用》2016年第11期。

简易程序通过独任庭审理,或者1名法官和2名人民陪审员一起组成合议庭审理,因此,可以积极探索"1+1+1"配置的审判团队。而对以合议制审理为主的中级法院来说,审判团队的运作机制则必须考虑与合议庭运作机制的兼容和衔接,一般倾向于相对固定的合议庭(审判团队)模式。

(二)人员结构

法官的职业要求,决定了法官个体必须具有极高的法律素质,但长期以来我国法官队伍存在素质不高的问题。20世纪80年代以来,我国面临经济社会转型发展,原有的法官力量严重不足,司法部门任务繁重,因此通过不同途径招收不少没有法律背景的人员进入法官队伍,导致我国法官及工作人员数量急剧膨胀。现有的法官来源比较复杂,既有科班出身的,也有部队转业的,同时也存在一部分向社会招干的。此外,各法院干警的年龄结构、性别结构、学历结构、专业知识结构、办案专长、职务职级、工作能力、性格特点、人际交往能力、领导能力以及家庭情况、身体状况等也是审判团队组建应考量的因素。

(三)案件情况

案件情况是组建审判团队最直接、最核心的参考依据。案件情况包括案件数量、案件类型、案件性质、难易程度和饱和度等。案件数量多寡是组建审判团队的主要标准,在组建审判团队时应首先参考一个法院每年受理的案件数量,根据以往的案件数量以及对未来案件数量作合理预测,在此基础上确定审判团队数量及其内部组合。然而,由于案件类型不同,其难易程度各异,相同数量的案件,各自所耗费的审判时间也不一样。因此,案件数量只是初步的参考依据,在组建团队时还要参考案件类型、案件难易程度等因素。同时,不同案件的结案周期不同,案件饱和度也不同。一般来说,刑事案件相对于民事案件而言饱和度不够,而民事案件饱和度高于商事案件饱和度[3],因此要对各种类型的案件分别测算,对于案件饱和度较高的案件,在审判团队数量和辅助人员配置上均应考虑适当增加。只有这样才能合理配置审判资源,充分调动全院法官的积极性,切实解决案多人少的矛盾。

(四) 辅助力量

理想状态下,一个法官至少应该配备一个法官助理和一个书记员,实现1∶1∶1的配置比例。但从目前许多地方法院的实际情况来看,审判辅助人员不足是制约审判团队建设的重要原因。虽然各地采取了一些措施增补审判辅助人员,但是在有限的审判辅助人员、审判团队又急需组建的情况下,则应当采取更加灵活的人员配置方式。比如,在法官助理、书记员不足的情况下,可以优先将书记员固定搭配给法官,法官助理同时服务于审判团队内多个法官;也可以优先选任一批法官助理固定搭配给法官,书记员服务于整个审判团队,等等。当前,特别要重视做好未入额法官的使用问题,优先考虑将年轻的未入额法官转任为司法辅助人员,积极推动未入额的老法官从事专职调解、案件评查、司法研究等工作。总之,在面临案多人少矛盾的现实情况下,任何一名法官都不应成为员额制改革

---

[3] 王亚明:《案件饱和度的成因及对策——以基层法院为例》,《北京政法职业学院学报》2014年第2期。所谓案件饱和度,指按照法官自身要素和客观条件评估测算出的法官在规定的工作时间内能够有效审结的案件数量,其目的是使法官的有效工作时间与规定的劳动时间相等或近似相等。这里的工作时间指有效的工作时间,强调"有效"二字,一般而言,案件饱和度越高,反映了一个法官业务技能越强、工作效率越高。

的局外人。各法院应当是而且必须是员额法官与非员额法官共存，审判团队内部"全权法官"与"限权法官"互依，呈现员额法官自主办案与非员额法官协助办案、法官助理专司审判辅助性事务与书记员办理事务性工作的现实图景④。

三 组建审判团队的原则定位

"审判团队的组建，是现行法院组织结构模式的改变，本质上属于审判资源的配置范畴。"⑤ 从全国不同法院的试点情况来看，各种团队组建模式彼此各异、相互交叉。笔者认为，无论组建何种模式，都应当坚持一定的原则和定位。

（一）遵循司法规律

尊重规律是推进司法改革的基本方法，也是科学组建审判团队的关键。司法是国家司法机关依据宪法和法律进行的一项专门活动，具有较强的专业性和技术性。习近平总书记曾经指出，司法权是对案件事实和法律的判断权、裁决权，司法权从根本上说是中央事权⑥。司法权作为判断权，必须遵循审判权力运行的基本原则，实现"让审理者裁判、由裁判者负责"。陈光中、龙宗智教授认为，我国司法体制和权力运行机制的改革和完善，应当遵循以下基本司法规律：第一，严格适用法律，维护法制权威；第二，公正司法，维护

---

④ 王顺华：《组建新型审判团队需要考量的几个要素》，《人民法院报》2016年7月14日，第5版。

⑤ 黄明春、陈希国：《审判团队配置模式的基本定位》，《人民法院报》2017年1月25日，第8版。

⑥ 贺小荣：《坚定不移推进司法改革 沿着中国特色社会主义法治道路奋勇前进》，载颜茂昆、陈国庆、孙茂利主编《公检法办案指南》2017年第4辑，第156页。

社会公平正义；第三，严格遵守法定正当程序；第四，司法的亲历性与判断性；第五，维护司法的公信力和权威性[7]。科学组建审判团队，就是要遵循司法规律，以法官为核心，以审判中心作用为基点，突出法官和合议庭的审判主体地位，明晰办案责任，让法官更像法官、法院更像法院。

（二）坚持实践导向

从目前不同模式的改革试点实践来看，之所以均取得了一定的改革成效，一个共同的原因就在于坚持实践导向，从实际出发。由于不同法院的办案任务、机构编制、队伍构成等情况并不相同，这就意味着审判团队并非只有一种版本，不能搞"一刀切"和"统一标配"，而应容许体现个性化、差别化的特色[8]。即便是那些先试先行法院在改革试点中积累的经验做法，因不同地区、不同层级法院之间情况千差万别，各法院在借鉴时仍应结合自身实际、遵循司法规律进行深入分析、科学研判，从而找出一条适合自己的审判团队建设路径。总之，各法院在组建审判团队时要坚持因地制宜，以能最大限度满足司法审判实际需要的个性化设计来切实保障司法的公正与效率，从而使员额法官、人民陪审员、审判辅助人员等司法人力资源得到科学整合、合理配置。

（三）注重人案匹配

科学的审判团队首先是配比合理、分工科学的团队。组建审判团队前，各法院应当就本院的人员结构和案件的性质、类别、数量

---

[7] 陈光中、龙宗智：《关于深化司法改革若干问题的思考》，《中国法学》2013年第4期。
[8] 骆锦勇：《如何科学构建审判团队》，《人民法院报》2017年3月23日，第2版。

以及法官办理案件的饱和度等进行深入的调研、分析，在此基础上，分门别类测算出需要设置的审判团队数量、各个审判团队岗位职责及年均工作任务和需要配置的法官、法官助理、书记员的人数，做到资源配置与目标任务大致匹配。组建过程中，一要坚持因案定额，按照以受案情况为中心，以主审法官为重心，以积聚优质审判资源为核心的原则，因案设岗，让专业的人做专业的事，让熟悉的人做熟悉的事，做到人员搭配恰当、工作互促互补。二要坚持民主集中制，以双向选择为基础，既要兼顾专业性、匹配性的需要，也要满足审判团队当中的"人合性"要求；既要防止利益固化，也要利于相互配合；既要考虑个人职业意向，也要服从全院工作大局。三要按照"能力互补、中和性格、强弱搭配、以老带新"的原则，合理配备团队组成人员，优化人员配置。四要适时灵活调配团队，根据各法院案件数量和发展趋势、审判业务类别差异、法官承受能力等因素，相应动态调整审判团队数量和人员配置，形成以审判需求为导向、灵活应对案件变化的精细化资源配置方式。

（四）提高司法效益

审判团队作为法院内部案件审理的一个人力资源集合体，其审判效率的提高直接关系到法院整体的办案效率，故在组建审判团队时，必须坚持实现职权合理配置和职能有效发挥的"帕累托最优"。一要坚持法官精英化，优化审判团队资源配置。组织结构团队化有利于打破部门界限，整合组织资源，挖掘组织潜力，实现组织效益的最大化。团队的有效运作，有赖于发挥核心人才的作用，配好审判团队负责人和法官是审判团队建设的重中之重。同时根据审判工作需要，将其他入额法官和适合办案的未入额法官在审判团队中进行适当调配，实现优势资源向审判一线集中、核心力量向办案一线倾斜，最大限度发挥审判团队的战斗力。二要坚持审判专业化，提升审判团队办案质效。根据实现目标的需要和现有人员的专长，合理分配工作任务，不仅有利于激发审判团队潜能，还有利于培养专家型审判人才。根据"简案快审、繁案精审"的原则和类案审理专业化、工作统筹集约化、繁简分流标准化的要求，充分考虑法官的办案能力、经验和特长等因素，着力在案件分配上下功夫，做到案以"类"聚、人以"队"分，力求以审判专业化促进案件质量效率"双提升"。三要坚持管理扁平化，赋予审判团队独立权责。组织的结构与其功能密切相关，组建审判团队，就要弱化业务庭功能，改变过去审判权运行层层把关的组织架构，缩短管理链条，强化审判团队独立裁判和自我管理，最大限度地保障法官主体地位平等，不断健全权责明晰、权责统一、监督有序的审判权力运行机制。

（五）继承优良传统

司法改革在坚持开拓创新的同时，也要传承历史经验，弘扬我国优秀司法传统。我国传统司法制度产生于特定的历史文化背景下，经历了上千年的历史积淀，形成了世界法制史颇具特色的中华法系。中华法系内涵丰富、博大精深，发掘吸收本土法治资源对完善我国社会主义司法制度具有重要意义。反观传统的司法行政化管理模式，行使审判权的法官和行使行政权的院庭长共享审判权，很大程度上弥补了法官司法能力不足的短板，最大化地发挥了少数资深、业务精良院庭长的专业优势，使法院产出的司法产品符合正义要求。但这种模式下行政权与审判权交叉混同，带来了审判环节多、效率低、案件处理不透明、案外干预因素大、责任主体不明、追责困难等弊端。特别是院庭长在非本案承办人或合议庭成员情况下介入案件程序和实体问题处理被指为司法行政化的典型特征,难以继续维系下去。根据改革的顶层设计和方向,我国长期以来实行的以院庭长身份长期管理和介入案件审判的传统运行模式和格局终将被彻底打破,但传统方式中蕴含的由少数资深和高水平法官作为业务带头人和对案件质效进行总体控制以及以老带新传承审判经验和审判智识的合理内核应当被传承⑨。

四 组建审判团队的模式选择

如前所述,构建审判团队不能搞"一刀切"和"统一标配",而应容许体现个性化、差别化的特色。但犹如商品房买卖合同有范本一样,笔者也试图提出中级法院审判团队的范式。

域外经验和国内实践证明,审判团队基本模式应为"法官+助理+书记员",即"N名法官+N名助理+N名书记员",对比过去"一审一书"审判模式,这是一种现代化的审判工作机制。根据《人民法院组织法》和诉讼法的规定,中级法院除部分行政诉讼案件外普遍适用合议制,客观上不能选择"1+N+N"的小团队模式,需要组建3人以上多法官的审判团队。笔者认为,组建"1+1+2+2+N+N（N+N≥6）"的审判团队模式可以成为中级法院审判团队的范式,即由1名院领导、1名资深法官、2名有一定审判经历的法官（老法官）、2名入职时间不长的年轻法官（新法官）、N名法官助理、N名书记员组成基本规模的审判团队。

---

⑨ 胡建萍、杨咏梅:《构建以资深法官为核心的审判团队及其运作模式》,《人民司法（应用）》2016年第31期。

(一) 1名院领导

《最高人民法院关于完善人民法院司法责任制的若干意见》《最高人民法院关于加强各级人民法院院庭长办理案件工作的意见(试行)》规定,各级人民法院院庭长入额后应当作为承办法官办理一定数量的案件,禁止入额后不办案、委托办案、挂名办案;探索将院长、副院长和其他入额院领导编入相应的审判团队审理案件。笔者认为,将院领导编入审判团队,让其成为审判团队的第一个"1",这既是大势所趋,也是院领导履行审判管理和审判监督职责所系,既有利于贯彻落实司法责任制,也有利于发挥院领导的示范、引领和指导作用。院领导根据分管的审判工作,结合专业背景和个人专长办理案件,重点审理重大、疑难、复杂、新类型和在法律适用方面具有普遍指导意义的案件,既主动"挑担子"、啃"硬骨头",又实现院领导"法官"角色的回归。院领导参与合议庭担任审判长直接办理典型案件,既能抓住关键重点,保持对审判工作的宏观管理,又能矫正个别性司法行为的偏差,从而保障裁判质量,实现改革的平稳放权。

(二) 1名资深法官

一个团队的有效运作,必须应该有核心,缺少核心的团队,会变成一盘散沙。审判团队中,员额法官是主体,而核心是第二个"1",即资深法官。"资深且业务精良的法官是团队的核心,其素质和能力决定整个团队审判权的良好运行和审判质效的充分保障,必须由法院审判水平相对较高的少数精英法官担任。"[10] 资深法官作为

---

[10] 胡建萍、杨咏梅:《构建以资深法官为核心的审判团队及其运作模式》,《人民司法(应用)》2016年第31期。

实际上的团队负责人，其配置是审判团队建设的重中之重。资深法官的业务素质应不低于庭长业务水平且包括但不限于庭长，其挑选应当采取实用的方式，主要和着重考虑其审判资历、工作业绩以及法官公认度，真正挑选办案能力强、经验丰富、业绩突出、公认度高的入额法官担任审判团队负责人。资深法官的总体责任是作为审判长参与和主持合议庭审理案件，同时组织、管理本团队的案件审理工作即组织化而非行政化行权。具体而言，就是对本团队的案件审理工作进行组织管理和内部分工协调，合理确定团队内的合议庭组成，对案件进行总体管理，凝聚团队的整体合力，最大限度发挥审判团队的战斗力。

（三）2名老法官+2名新法官

前文提到，要按照"能力互补、中和性格、强弱搭配、以老带新"的原则合理配备团队组成人员，审判团队的其他法官尤其要做到新老搭配，实现薪火相传。在现行司法资源条件下，根据专业方向、审判规律、案件特点合理配置法官，4名普通法官的配置可以采取两两组合，即一老一新搭配。这样，一方面可以实现以老带新的业务传承，通过开展"一带一"传帮带，老法官可以对青年法官的裁判思维形成、审判实务经验总结、疑难案件审理、案件调解方法等方面进行个性化、针对性指导，从而打通青年法官快速成才通道，推进法官队伍梯队建设进程；另一方面有利于资深法官根据普通法官业务熟悉程度分流简繁案件，同时也便于与资深法官或陪审员组成结构合理的合议庭。在团队成员搭配上，切忌因资源配置不合理而形成强强联合、弱弱相配，造成办案质效的较大差异，降低法院整体审判水平。

(四) N 名法官助理+N 名书记员

审判团队组建的主体是法官,构成要素则离不开辅助人员。团队的有效运作,有赖于团队成员的分工协作。由法官专司裁判核心工作,并配足辅助力量负责审判辅助事务,对审判团队高效运行至关重要。在"1+1+2+2+N+N"的审判团队模式下,理想的状态是 N 均为 6,即实现一个法官至少配备一个法官助理和一个书记员的配置比例。但从目前的改革实践看,辅助人员严重短缺是多数法院面临的共性问题。故审判团体中代表法官助理和书记员的"N",不宜简单确定为 6 或 5 或 4,而要根据各法院的实际情况灵活确定。青岛中院曾以工作量为依据,按照法官助理尽量辅助法官工作的原则,将案件审理各个流程相关数据进行分类汇总后,得出如下结论:在一件案件中,法官、法官助理、书记员的工作量比例大致为 1∶1∶1,故从审判工作顺畅有序运行的角度出发,法官、法官助理、书记员的最优比例为 1∶1∶1。在最优配比模型中,书记员所从事的工作为事务性工作,这部分工作不能由法官承担,这应当是确立配比的一个底线。在极端的情况下,如不能配备法官助理,则法官助理的工作全部由法官承担,法官的办案量会相应下降,理论上法官与书记员比例为 2∶1 时,可以实现法官从事务性工作中脱身的目标。但考虑案多人少的客观情况,为保证法官办案量不至于因辅助人员的不足而大幅减少,在实践中法官与审判辅助人员(法官助理、书记员)之和的总体比例不能低于 1∶1[11]。在"1+1+2+2+N+N"的审判团队模式下,以法官从事务性工作中脱身为原则,N+N 的最低配比应为

---

[11] 青岛市中级人民法院课题组:《中级法院审判团队配备问题研究》,《山东审判》2017 年第 1 期。

6。至于辅助人员与法官的具体搭配，可以根据审判团队办理案件的案件类型、岗位特点、人均办案量等因素，相应采取法官助理和书记员与法官固定搭配、相对搭配或团体搭配等方式。为有效缓解法官助理数量不足的问题，可以通过直接招录、在编书记员转任、未入额法官转任、招收法律实习生等多渠道解决。对于书记员，改革的方向应当主要通过购买社会服务的方式予以解决，规范聘用程序，完善合同管理，提高薪资待遇，保持书记员队伍的相对稳定。同时，要充分发挥人工智能技术的作用，通过"以机器换人"的科技创新和事务性工作外包等手段促进审判质效提升。例如，浙江法院大力推行庭审记录方式改革和案卷装订扫描外包，大大解放了传统的书记员工作，有效缓解了法官对书记员的依赖。

选择何种审判团队模式，关键取决于这种模式是否遵循司法规律，是否符合"让审理者裁判、由裁判者负责"的司法责任制改革精神，是否适合各地法院实际。笔者提出的中级法院审判团队范式，也只是在实践基础上的一个理论探寻。毕竟，鞋子合不合脚，只有自己知道；鞋子合不合脚，只有穿了才知道。

Abstract: The construction of a new trial team is an important measure for the people's court to carry out the central government's overall deployment of the reform of the judicial system, optimize the disposition of the trial resources and realize the "Let those who hear referee, the referee is responsible". From the current practice of different models, we have achieved some reform results, but there are still many places worth discussing and improving, and all kinds of models should be tested and further corrected through the operational effectiveness. To construct a new type of trial team, we should consider the factors such as court level, personnel structure, case situation and auxiliary force, follow the law of Judicature, respond to the demand of practice, pay attention to the matching of human and case, improve judicial benefit and inherit fine tradition. In the case of a secondary court on the choice of mode, it is possible to choose $1+1+2+2+n+n$ ($N+N \geqslant 6$) 's trial team paradigm, which consists of 1 court leader, 1 senior judge, 2 judges with certain trial experience, 2 young judges with a short entry time, n judges assistants and n clerks to form a trial team of the basic size.

Key words: Judicial Responsibility System; Trial Team; Construction

实证法学研究成果的社会传播

万学忠[*]

摘 要: 实证法学研究与新闻调查有许多趋同之处。中国社会科学院"法治蓝皮书"不仅是实证法学研究的经典范例,在研究成果的社会传播方面,也堪称经典范例。以此为研究对象,本文认为该实证研究的选题标准体现了紧迫性、可行性、客观性;问题导向更容易被媒体关注;在社会效果上,媒体的舆论监督对实证研究成果的转化发挥了积极作用。

关键词: 实证法学 新闻媒体 社会传播

实证法学研究较之逻辑法学研究,更容易受到媒体的关注。因为实证研究和新闻调查有诸多趋同之处。二者在目的上都是推动法治实践,方法上都是观察分析现实,选题上都是热点焦点难点问题。但是,实证法学研究成果是以论文的形式呈现,主导其写作的是论文思维,呈现的是学术语言和论文体例。而新闻作品不同于论文,有其自身的规律。新闻作品要体现新闻思维,符合大众传播的要求。

---

[*] 万学忠,法制日报社经济部主任。

在角度、语言、体例等方面，与论文截然不同。

实证法学研究成果传播得越广，社会效益越大，研究价值越大，对相应领域的法治推动效果也明显。实现最佳的传播效果，需要专业的新闻团队进行专业操作，将论文转化为新闻；更需要研究团队和新闻团队的深度融合，把握传播导向，促进成果转化。

中国社科院"法治蓝皮书"不仅是实证法学研究的经典范例，在研究成果的社会传播方面，也堪称经典范例。蓝皮书课题组与法制日报社有长达8年的合作，本文尝试总结二者的合作经验，以期为法学实证研究成果的社会传播提供借鉴。

一 实证研究的选题标准和新闻选题标准趋同

选题，直接决定实证研究的价值。实证研究，顾名思义，一是在选题上紧贴现实，二是在研究方法上讲究考证、查证、取证。通俗地讲，就是研究现实问题，而且主要是用事实说话。

中国的法治建设，是一个动态的过程，仍然在行进中，而且"中国特色"非常明显。在这个进程中，问题层出不穷。"大"的方面，有党和法的关系，有改革和法治的关系，有人治和法治的关系，有民主和法治的关系。"中"的方面，有上位法和下位法的冲突，有司法体制、行政执法体制的问题，有东西部差异问题，有民族区域自治问题。"小"的方面，有自由裁量权问题，有司法腐败问题，有执法人员素质问题，有地方保护问题，等等。

法学实证研究，如何在纷繁复杂的法治问题中确定选题？一是紧迫性，二是可行性，三是客观性。

紧迫性，表征为"上下关注"，缺一不可。上，指的是决策层；

下，指的是社会公众。只有决策层关注而社会公众需求不紧迫的问题，关注度不会高；社会公众关注但决策层尚未重视的问题，调研成果不容易付诸实施。在中国现行政治体制下，任何法治问题的解决，都离不开自上而下的推动。

"法治蓝皮书"自 2010 年起，持续将政务公开作为实证研究的核心课题，并取得广泛认可，就是因为有《政府信息公开条例》作支撑，有国办对政务公开的持续推动作后盾，有社会公众强烈的要求作基础。

可行性，表征为"问题能够解决"。问题的存在，非不能也，不为也。以政府信息透明度实证研究为例：政府信息公开，是各级政府完全应该、完全能够做到的，也是国务院条例要求做到的。没有做好，是因为认识不到位，对条例的要求落实不到位。蓝皮书每年发布《中国政府透明度指数报告》，对政府信息公开工作做实证研究，这一选题切合了"可行性"标准。

客观性，表征为"考察对象和研究指标的确定性"。政府透明度研究，以政府网站信息公开为视角。课题组只允许测评人员对行政机关是否依法公开了信息作出判断，不作出"好"或"不好"的结论。"好不好"是定性研究，"有没有"是定量研究。不需要测评人员自由裁量，这就满足了实证研究选题"客观性"的要求。

法治国情调研组负责人田禾研究员在接受《法制日报》记者采访时介绍："我们只考察有没有，不管好不好。坚持客观标准，是政府透明度调研报告在最初启动时就立下的一个工作原则。"[①] 课题组的调研，只考察各个政府部门网站是否严格落实了《政府信息公开

---

① 田禾：《用学术报告影响力推动政府信息公开》，《法制日报》2012 年 9 月 21 日，第 6 版。

条例》规定的义务。"有没有做到"是一个很客观的标准,对照法律规定一眼就能检测出你的政府信息公开情况。而"好不好"却是一个很主观的标准。

为最大限度地避免任意性和主观性,课题组不采用投票、民意调查等主观色彩浓厚的方法,而是将政府透明度按法律法规的规定以及法理、常识分解为若干个操作性很强的指标,这套指标对所有被调查对象都是同样适用的,没有任何偏袒和照顾,课题组更不会主动以公开身份与任何机关进行事前沟通和联系,即便提交政府信息公开申请进行验证也不表明自己的身份。

紧迫性、可行性、客观性,不仅是实证法学研究的选题标准,也是专题类新闻调查的选题标准。根据所报道问题的类型不同,调查性报道可分三类:突发事件类调查报道、专题类调查报道、历史真相类调查报道[②]。在这三类调查性报道中,实证法学研究与专题类新闻调查最为接近。

专题类新闻调查,是媒体围绕某一关乎公共利益的问题展开调查。选题的确定,除了公共属性,也要求具备紧迫性、可行性、客观性。特别是对法治领域的问题进行专题调查,更强调证据意识,用事实说话,更强调理性、建设性。

对于媒体来讲,法学实证研究相当于代替媒体完成了调查工作。

以政府透明度调研为例,课题组分别向不同的部门发送电子邮件申请公开某项信息,然后汇总分析。这和媒体的采访流程是完全一致的。对于类似调研成果,媒体只需要按照新闻规律,将论文转化为新闻作品。这个转化过程只剩下技巧问题了。

---

② 见王克勤《调查性报道基本问题梳理》,http://blog.sina.com.cn/s/blog_655f81d50102dqxy.html。

二 问题导向的实证研究选题更容易被媒体关注

问题导向，表征为"调研的目的是为了发现问题促进整改，而不是发现经验进行推广"。

在蓝皮书多年的实证调研课题中，既有经验性调研，也有问题性调研。相比之下，问题性调研更容易被媒体关注。

通过百度搜索最近5年"法治蓝皮书"收录的实证研究课题，发现转载率排名靠前的两个案例，一是课题组对2万件政府采购商品的调查，得出结论"八成采购商品高于市场价"。二是"官员对亲属经商态度的调查"，结论是只有半数官员支持责令亲属退出本人辖区。上述两项研究均为"问题性"选题。

笔者从蓝皮书中取样，分别取10个经验性调研案例、10个问题性调研案例分析网络转载率，结果证明问题性选题更容易被媒体关注。

因为是实证研究，课题组的评分项目分得非常细，层级也多。每年透明度报告收入的打分表都有数十个，每个表格呈现的分数都有数百个。面对这些表格中眼花缭乱的数字，如何取舍？如何判断新闻价值？《法制日报》编辑部依据"问题性"和"反常性"这两条新闻价值判断标准，提出了一条可操作的报道思路：找零分项。于是在历年报道中出现了这些标题：《多家政府信息公开单项考核交白卷》（2011年）、《5家单位连续两年单项考核交白卷》（2012年）、《白卷现象减少 懒政思维仍存》（2013年）……。

三 发挥媒体舆论监督功能可拓展研究成果的社会效益

研究成果通过媒体发布，只是社会传播的初级阶段。高级阶段是与媒体合作，发挥媒体的舆论监督功能，推动问题的解决。

以"法治蓝皮书"《中国政府透明度报告（2010）》为例。报告披露多家政府机关信息公开单项考核交白卷。信息公开目录考核方面有5家得零分，信息公开指南考核10家得零分，信息公开年度报告考核有8家得零分。

如果《法制日报》的报道仅限于技巧性地报道专家的调研成果，那还不是真正意义上的舆论监督。和其他媒体更大的不同，是编辑部在"零分"新闻发布之后，向得零分的单位发采访函，进行追踪报道。比专家学者多迈出的这一步，发挥了原子裂变效应，极大地推动了政务公开实践。

《法制日报》于2011年2月25日以《多家政府信息公开单项考核交白卷》为题报道后，继续以媒体名义发起追踪报道。3月1日，《法制日报》记者分别对13家单项考核得零分的单位发出采访函。3月15日，是采访函确定的回复时限。16日，编辑部统计，收到国务院部门、地方政府的答复共7家。有的表示马上整改，有的进行了解释。

收到回复函之后，记者又联系法治国情调研组吕艳滨研究员，一同对上述13家单位的官方网站进行复查核实。

复查的结果还是令人欣慰的。超过半数收到采访函的政府机关，对于透明度报告测评和媒体的报道，触动较大，态度积极。其中被点名的水利部、外国专家局、中医药管理局、兰州市政府、武汉市政府5家单位，对报道中提及的信息公开单项考核得零分的情况都予以积极改进，网站信息公开栏目运行实现了正常。

特别值得一提的是，连续两年在"信息公开指南""信息公开目录""年度报告"三项测评得分均为零分的兰州市，对蓝皮书的点名批评置若罔闻。但在接到记者的采访函后，立即整改，短短的半个月，兰州市的政府网站上信息公开目录、信息公开指南和年度报告都已完备。

接到采访函后，也有几家单位的相关负责人与记者或课题组联系，咨询如何完善政府信息公开、提高公众获取信息的便利性等问题。

水利部表现最为积极。3月1日，编辑部发函给水利部。3月3日，水利部办公厅综合处负责人短信回应，表示马上整改，并于3月5日专程赶往记者采访两会代表的国二招宾馆当面解释。3月9日，水利部又约见《法制日报》记者，递交了一份长达6页纸的正式书面答复。当年8月9日，水利部在重庆举行全系统信息公开专题培训，邀请吕艳滨研究员和《法制日报》经济部主任万学忠、记者万静，进行了为期半天的授课、交流。

5年过后，上述13家单项得过零分的政府网站，进步情况如何？2016年"法治蓝皮书"测评情况如下。

当初积极回应采访函并立即改进的5家，2015年得分分别为：水利部81.62分、外国专家局68.38分、中医药管理局50.09分、兰州市政府60.61分、武汉市政府68.17分。

当初不予回应、没有任何改进的4家单位，2015年得分分别为：国家外汇管理局72.31分、国家能源局71.86分、抚顺市政府52.02分、西宁市政府47.26分。

当初没有回复采访函但有部分改进的2家，2015年得分分别为：齐齐哈尔市政府60.05分、铁道部67.21分。

当初情况特殊（非官网发布或网站维修）的2家，2015年得分分别为：昆明市政府50.94分、住房和城乡建设部72.86分。

从 2010 年到 2015 年，从 5 年的时间跨度考察可以发现，国务院各部门进步明显。曾被曝光的部门中，只有中医药管理局得分仍不及格。较大的市进步相对较慢。5 年前，因得零分被曝光的较大的市有 6 家，5 年后居然还有 3 家测评不及格。这 3 家都是当年回应媒体采访不积极的。积极回应媒体采访、重视舆论监督的兰州市政府和武汉市政府，测评中均已及格，位居中游。

这也反映出，媒体的舆论监督对实证研究成果的转化发挥了积极作用。

法治蓝皮书课题组与《法制日报》编辑部的合作，持续到今天。2016 年 11 月 1 日，法治蓝皮书课题组发布 2016 年政府采购透明度报告，《法制日报》再抓零分典型进行报道，题为《陕西铜川等 12 个地级市透明度得零分》，报道披露，陕西省铜川市、榆林市，吉林省吉林市、白山市，辽宁省阜新市，海南省儋州市，安徽省池州市，江西省鹰潭市，宁夏银川市以及西藏拉萨市、日喀则市、林芝市等 12 个地级市，在 2016 年的政府采购信息透明度测评中，以"零公开"交了白卷。

11 月 7 日，编辑部分别对上述 12 家交白卷的单位发出采访函，要求其对各自政府采购信息零公开的现象进行说明。截至 11 月 24 日，记者共收到 4 市回复，其余八市对"零公开"的测评结果"零反应"。11 月 25 日，《法制日报》再次发出追踪报道《两市积极改进 八市沉默不应》，对不予回应的再点名，对积极整改的予以表扬，对给出解释的请吕艳滨研究员进行点评，分析其是否有道理。

四 实证法学研究成果的传播技巧

实证研究成果借助媒体进行传播，才能扩大社会影响。学界在与媒体打交道过程中，需要掌握一些基本技巧。

首先是选择合适的发布时机。合适，指的是利用新闻空档期发布，避开记者和媒体忙于其他重大报道任务的时间段。比如，2013~2015年"法治蓝皮书"，连续三年都是在2月下旬发布。此时段，全国政治生活中最重要的年度大事——两会就要召开了，各大媒体和记者都在为两会做准备，报纸、电台、电视台也在回顾一年工作，为两会做铺垫。社会上读者的注意力也转到了两会上。即使研究成果非常有价值，也很容易被马上召开的两会话题淹没、覆盖。这一问题被蓝皮书课题组发现后，从2015年起，蓝皮书的新闻发布改到了两会之后。对同样的话题如政府透明度报告，进行网络搜索发现，在两会之后发布较在两会之前发布，转载率高出很多。

其次是选择专业媒体进行深度合作。实证法学研究的课题，专业性较强。一般媒体不一定感兴趣，对专业法律问题的描述也可能不准确。但法治专业媒体不仅对此类选题会高度关注，而且有一支具备法律专业背景的采编团队作保障。因此，研究团队应该确定一家像《法制日报》这样的专业媒体深度合作。

《法制日报》从2013年起，每年用四个版面做"法治蓝皮书专刊"，有一支固定的团队报道实证研究成果。在扩大"法治蓝皮书"影响力方面，贡献是首屈一指的。

最后，要与专业媒体良性互动。互动，就不是单方面服务。媒体宣传课题成果，也需要研究团队的配合。比如，媒体追踪采访，采访问题的设计需要专家建议，获得答复后需要专家团队进行分析。上文提到的吕艳滨研究员，就一直给予了及时有效的支持。而两者更高层次的合作，应该是在确定选题时，就请媒体参与论证。

实证法学研究成果的社会传播，有其规律可循。本文粗浅之见，实为抛砖引玉。

Abstract: Empirical law research and news surveys have many convergences. The blue book of rule of law of Chinese Academy of Social Sciences is not only the classic sample of empirical law research, but also the classic sample of public communication of research achievements. Take this as an object of studying; this paper believes that the standard of choosing topics reflects the urgency, feasibility and objectivity; problem-oriented is more likely to be the media attention; in the social effect, the media supervision of public opinion played a positive role for the transformation of empirical research results.

Key words: Empirical Law; Media; Social Communication

关于执行工作考核指标的思考

——以实际执结率为分析对象

朱 嵘[*]

摘 要：人民法院长期以来使用的执行工作核心考核指标"实际执结率"，存在与生俱来的缺陷，如影响因素的二元性、价值导向的多向性、评价对象的差异性等，并不能真正体现基本解决执行难"四个基本"目标，也无法客观反映执行工作的优劣，反而极易对公众和法院自身造成误导。应将执行案件的质量效率而不是执行实际结果作为执行工作单独考核的重点，以"结案不合格率""执行行为撤改率""消极执行查实率"替代"实际执结率"。

关键词：执行 考核 实际执结率

自2016年最高人民法院提出基本解决执行难目标任务以来，各级法院所采取各项措施的成效如何、这些阶段性的成果如何巩固和进一步加强，都需要利用考核"指挥棒"加以评估和引导。

---

[*] 朱嵘，法律硕士，江苏省高级人民法院四级高级法官，执行局综合协调处处长。

正如最高人民法院江必新副院长指出的，要"尽快实现对执行工作的单独考核"①，"建立对执行工作的单独考核机制刻不容缓"②。

如何设定能够客观、公正评价人民法院执行工作的考核指标，是建立执行工作单独考核机制的最大难点。笔者认为，设定执行工作考核指标，首先应对以往一些在实践中长期使用、业已形成固有观念的考核指标是否能够真正发挥其导向作用和激励功能进行反思，在此基础上结合执行工作的新模式、新机制、新体制，探索设定能够体现基本解决执行难"四个基本"目标③导向、符合执行工作特点和规律的考核指标体系。本文试以目前执行考核工作中被广泛使用的实际执结率指标为分析对象，对其为何不适宜作为衡量执行工作优劣的考核指标进行分析，并提出替代性方案。

一 何为实际执结率

通常所说的"实际执结"，与"执行完毕"实际上是同一个概念。根据最高人民法院《关于执行案件立案、结案若干问题的意见》（法发〔2014〕26号）第15条第1款的规定："生效法律文书确定的执行内容，经被执行人自动履行、人民法院强制执行，已全部执

---

① 罗书臻：《江必新：实效是检验是否基本解决执行难的标尺》，《人民法院报》2017年2月16日。
② 江必新：《真抓实干 确保基本解决执行难关键之年取得卓越成效》，《法律适用》2017年第9期。
③ 根据最高人民法院《关于落实"用两到三年时间基本解决执行难问题"的工作纲要》（法发〔2016〕10号），基本解决执行难的总体目标是："被执行人规避执行、抗拒执行和外界干预执行现象基本得到遏制；人民法院消极执行、选择性执行、乱执行的情形基本消除；无财产可供执行案件终结本次执行的程序标准和实质标准把握不严、恢复执行等相关配套机制应用不畅的问题基本解决；有财产可供执行案件在法定期限内基本执行完毕，人民群众对执行工作的满意度显著提升，人民法院执行权威有效树立，司法公信力进一步增强。"通常简称为"四个基本"目标。

行完毕，或者是当事人达成执行和解协议，且执行和解协议履行完毕，可以以'执行完毕'方式结案。"因此，实际执结率就是指在一定期间内某一单位（法院或办案人员）实际执结（执行完毕结案）案件数量与执行结案数量的比例，其计算公式为：实际执结率＝（被执行人自动履行执行完毕＋人民法院强制执行完毕＋达成执行和解并履行完毕）案件数/执行结案数×100%。在不同时期、不同地区，也有法院将这一比例表述为"实际执行率""有效执结率""实际执行完毕率"等。

以往，实际执结率被各级各地法院广泛运用于执行工作考核，而且往往成为一项核心指标，有的还设定了一定的比例要求。例如，江苏省高级人民法院在2009年出台的《全省法院执行工作良性运行指标体系（试行）》就规定："执行案件有效执结指标（7分）：考核期内自动履行、强制执行履行、和解履行完毕以及依据《民事诉讼法》规定终结执行的执行案件结案数与同期所有执行案件结案总数的比例，中级法院达到50%以上，基层法院达到60%以上的，得7分；中级法院达到45%以上，基层法院达到55%以上的，得5分；中级法院达到40%以上，基层法院达到50%以上的，得3分。"该指标体系在2013年虽进行了修订，但仍规定："实际执结率指标用于评估申请人债权的实现情况，实际执行率越高，表明人民法院执行力度大、工作到位，执行效果好。"在2017年1月中国社会科学院法学研究所的《人民法院基本解决执行难第三方评估指标体系及说明》将实际执结率设定为"法院一定时期内执结的案件中执行完毕案件的比率"，并列为评价"有财产可供执行案件在法定期限内基本执行完毕"的正相关执行质效评估指标之一。

二 实际执结率的历史价值

从历史发展的眼光看,实际执结率这一考核指标的提出,本身就是人民法院对执行工作特点和规律的认识不断深化的结果。

从改革开放之初直至20世纪90年代末,对执行工作的考核基本参照审判工作的考核方式,"结案率"或"执结率"(执行案件结案率)是这一时期评价执行工作优劣的核心指标。然而,当时执行案件的结案标准也参照诉讼案件,即只有执行到位或终结执行方能结案,导致每年均有大量的案件因未能执行到位而积压。"截至1998年底,全国法院共积存未执行案件53万余件,标的金额总计人民币1000多亿元。"[④] 而执行案件结案率总体呈逐年下降趋势,至1998年已降至80%以下,与审判案件超过95%的结案率形成了鲜明对比。结案率低、案件大量积压,成为这一时期"执行难"问题的主要表象。由此,这一时期解决"执行难"的目标,被定位于"当事人申请执行的案件基本能得到执行,实现执行收结案的动态良性循环"[⑤],"继续大力清理执行积案"[⑥] 则成为这一时期解决执行难的主要手段。

随着对执行工作认识的逐步深化,各级法院日益认识到,由于经济的活跃、社会的发展、利益格局的分化以及人们对审判和执行工作更多的需求,人民法院已经不可能再像在计划经济时代那样,

---

[④] 《中共中央关于转发〈最高人民法院党组关于解决人民法院"执行难"问题的报告〉的通知》(中发〔1999〕11号)。

[⑤] 肖扬2000年3月10日在第九届全国人民代表大会第三次会议上所作最高人民法院工作报告。

[⑥] 肖扬2000年3月10日在第九届全国人民代表大会第三次会议上所作最高人民法院工作报告。

有能力把所有的裁判都执行到位,而权利人也必须承受由于商业风险、社会风险所造成的执行不能。于是"发放债权凭证""终结本次执行"等结案方式在实践中被提出,解决"执行难"的目标导向,也逐步转变为"最大限度地实现债权人的合法权益"[7],"最大限度实现生效裁判所确认的权益,维护司法权威"[8]。这一时期,"执结率"作为考核指标的缺陷日益显露出来。"近年来,在法院执行工作中有一现象值得注意:执行案件结案率(以下简称'执结率')一路攀升,但'执行难'顽症并没有得到根本改善。"[9]

实际执结率也在这一时期被作为执行工作的考核指标提出。与"结案率"相比,将实际执结率作为考核指标更接近执行案件的特点和规律。首先,考察实际执结率,意味着人民法院已经普遍接受了有一部分执行案件必定无法"实际执结"的客观规律。其次,实际执结率将法院执行工作的努力与执行工作所取得的效果建立了关联,在案件类型、经济环境、执行手段较为同质化的考察范围内,在一定程度上能够对执行工作的优劣起到较为客观、公正的评价作用。

三 实际执结率不能作为执行工作的考核指标

然而,如果进一步深入分析就会发现,实际执结率同样不适宜作为一项考核指标用于评价执行工作的优劣。

---

[7] 肖扬2007年3月13日在第十届全国人民代表大会第五次会议上所作最高人民法院工作报告。

[8] 肖扬2008年3月10日在第十一届全国人民代表大会第一次会议上所作最高人民法院工作报告。

[9] 胡伟明、李健:《执结率的内在缺陷及改进》,《法律适用》2004年第3期。

（一）实际执结率的影响因素具有二元性

民事执行工作本质上是一种司法救济途径。申请人的债权能否实现、执行案件能否实际执结，固然与执行法院是否勤勉、是否规范开展执行工作有密切的关系，但更具有决定性的因素，则是被执行人的履行能力。就个案而言，被执行人有无履行能力系客观存在的法律事实，并非法院的执行工作所能决定。如果被执行人无履行能力，则无论法院采取多少执行措施、多大执行力度，申请人的债权都不可能得到实现或完全实现。这正如对审判工作的考核绝不能以"原告胜诉率"为考核指标一样——尽管原告能否胜诉与法官是否公正审判具有直接的关联，但这并非唯一的影响因素，更不是决定性的影响因素。诉讼请求是否具有事实根据和法律依据，才是决定原告能否胜诉的根本原因。

这种"二元"而非单一的影响因素，意味着实际执结率在考核一个变量（执行工作优劣）的同时，还要面对另一个变量（被执行人整体履行能力）。实际执结率的高低，实际是这两种变量叠加作用的结果。而被执行人的整体履行能力，又恰恰是一个不确定性极强的变量，会受到很多因素的影响，在不同的时间、空间里存在极大的差异。

从地域看，被执行人群体的履行能力受地区经济发展总体程度、宏观经济环境、当地经济波动等因素的影响非常明显。以江苏为例，经济较为发达的苏南地区相较于经济相对滞后的苏北地区，实际执结率通常高出 10~20 个百分点，但受 2012 年以来的宏观经济滑坡影响，实际执结率较往年也有较大幅度下滑。而县域经济的波动，对基层法院实际执结率的影响则更为明显。例如，江苏省新沂市人民法院，受本地民间借贷案件群体性爆发影响，实际执结率从往年的40%左右猛降到2014年的13%，之后又逐年回升。江苏省江阴市人民法院2013年的实际执结率，也因为当地钢贸市场纠纷爆发，短时间内集中涌入3000余件案件无法执行到位，实际执结率断崖式下降了约20个百分点。

执行案件的类型结构，也是影响实际执结率的一个重要因素。就民事案件而言，通常来说，婚姻家庭、继承类案件的实际执结率较高，而合同类案件的实际执结率次之，最低的是权属、侵权类案件。因此，在20世纪80~90年代，由于婚姻家庭、继承类案件在民事案件中比重极大，而经济纠纷数量较少，尽管执行手段尚较为落后，但实际执结率却并不低。根据最高人民法院提供的数据，1995~1998年，全国法院执行案件实际执结率分别为89.09%、87.69%、84.60%和78.81%。反观2014年，全国法院执行案件的实际执结率仅66.33%。同样，各地由于案件类型不同，经济欠发达地区通常传统民事案件较多，而发达地区则通常经济纠纷案件较多，在同样的执行条件和努力程度下，实际执结率也会存在较大的差异。

"被执行人整体履行能力"的不确定性、易波动性，使得实际执结率实际上根本无法反映执行工作优劣。在不同时期、不同法院，甚至是同一法院的不同执行人员之间，都难以进行客观的比较。这种没有可比性的考核指标，显然已经失去了作为指标本身的评价意义。更为严重的是，这使得社会公众难以对法院执行工作进行客观公正的评价，一些由客观原因产生的实际执结率数值正常向下波动或地区之间的正常落差，极有可能误导公众将原因归咎于法院执行不力。

(二) 实际执结率的价值导向具有多向性

执行工作的优劣不仅体现为执行实施案件的实际执结情况，还体现在信用惩戒、对拒执行为的处罚和打击力度等方面。信用惩戒以及对拒执行为的打击越是到位，对被执行人以及潜在被执行人（败诉当事人）的威慑力越大，越能够促使债务人主动履行生效裁判履行的义务，而使案件无须进入强制执行程序。此时即产生了提升生效裁判自动履行率的效果。类似的，诉讼保全比例的提升、诉讼调解的加强都属于基本解决执行难的措施，都会产生提升生效裁判自动履行率的效果。

然而，这却产生了一个悖论：当生效裁判自动履行率提升时，更多有履行能力的败诉当事人会主动履行义务而使案件无须再进入强制执行程序，然而当这种基本解决执行难所期待的形势出现时，却导致实际执结率不但没有提高，反而降低了！通过观察实际执结率的公式就可以发现，当分子和分母同时减去同一数值时，得出的比率是小于原比率的，即"（实际执结案件数-N）/（执行结案数-N）<实际执结案件数/执行结案数"。

这也不禁使人对实际执结率是否越高越好产生了怀疑。因为按照上文的推论，实际执结率不仅不是越高越好，而应该是越低越好才对。当实际执结率达到0%时，才是执行工作应有的最佳状态。即所有有履行能力的败诉当事人，全部在案件进入执行程序之前就主动履行了义务；这种状况下，进入执行程序的只剩下被执行人没有履行能力的案件。此时实际执结率公式中，无论分母有多大，分子都是零（所有进入执行程序的案件都无法实际执结），因此实际执结率为0。相反，实际执结率100%倒理应成为执行工作最糟糕的状态，因为此时不仅大量有履行能力却不主动履行的被执行人把案件拖入了执行程序，需要国家耗费大量资源去强制执行到位，同时一些被执行人本无履行能力的案件也由于法院执行了不应执行的财产、采取了不应采取的手段而居然"执行到位"了。此时，实际执结率已然成为一个评价执行工作的负相关指标。

由此可见，实际执结率作为一项指标，具有正负双向指引作用。当实际执结率的正负双向因素同时发挥作用时，这一考核指标实际上已经失去了具有导向性的评价功能。即实际执结率高，既有可能是因为直接执行工作有效，也有可能是因为执行工作在威慑机制方面的无效，造成法院作出裁判后有履行能力的败诉当事人自动履行率低，从而使更多有实际执结条件的案件进入了执行程序；同理，实际执结率低，既有可能是因为执行直接强制措施不到位，也有可能是因为征信体系和执行威慑机制作用发挥得好，有履行能力的当事人自觉履行法院裁判的比例高，从而减少了有条件实际执结的案件进入执行程序数量。

(三) 实际执结率的评价对象具有差异性

以往司法实践中对实际执结率的考核，往往将各类执行案件统括在一起进行统计，忽视了作为评价对象的各类执行案件，其自身也存在巨大的差异。

从执行依据的类型看，最高人民法院在 1999~2009 年 8 月全国法院办理执行案件情况分析中就已经认识到不同类型执行案件执行实际到位率的差异："刑事附带民事诉讼案件执结率和执行到位率呈'双低'态势。十年来，全国法院共执结刑事附带民事诉讼案件 380245 件，案件执结率为 75.72%，比平均执结率低近 10 个百分点；

申请执行标的金额577.05亿余元,执结标的金额196.85亿余元,执行实际到位率为34.11%。""十年来,全国法院行政非诉执行案件的结案率高达92.28%,但执行实际到位率却只有48.80%。"尤其是刑事附带民事案件,通常为暴力犯罪,被告人往往自身经济情况较差、缺乏履行能力,此类案件实际执结率极低,与民事执行案件一起统计,难以准确反映执行工作实际情况。

从执行阶段的类型看,各类案件实际执结率也存在巨大差别。例如,案号为"执"字的初次执行案件,通常实际执结率较低;而案号为"执恢"字的终本结案后恢复执行案件,由于一般是在发现被执行人有财产可供执行的情况下才恢复执行,因此实际执结率较高。例如,2017年1~8月,江苏全省法院"执"字号案件结案219179件,实际执结率仅为42.25%;"执恢"字号案件35303件,实际执结率高达85.29%。而案号为"执保"字的诉讼保全类实施案件,则压根就没有实际执结或执行完毕的结案方式,不应纳入实际执结率的统计范围。

综上可见,一名勤勉的执行人员即使已经竭其所能将被执行人有履行能力的案件全部实际执结,但由于实际执结率计算公式中的分子和分母都存在极大的无法控制的不确定性,其对实际执结率是否能够提高着实无能为力。这使得实际执结率只能在案件类型、被执行人履行能力、经济社会环境、执行条件和手段等同质化程度极高的理想环境中,才可能作为考核指标使用。一旦将空间、时间、对象范围扩大,实际执结率就会失去其对执行工作优劣的评价作用。即使是在上述理想状态下,实际执结率也难以全面反映执行人员的努力程度。这是因为实践中有大量无法实际执结的案件,债权人的权益已经在执行人员的努力下实现了部分甚至大部分。尤其在金融债权案件中，受制于金融机构的坏账核销规则以及法务人员缺乏放弃部分债权的权限，尽管未实现的债权比例或金额极小，法院也只能以终本结案。而完全没有执行到位的案件，据估算仅占终本案件总量的1/3。在这种情况下，如果仍将实际执结率作为考核指标，势必会严重挫伤执行人员的积极性。

为片面追求提高实际执结率，一些法院在实践中出现了一些错误做法。一是千方百计动员权利人放弃部分权益，以达到尽可能通过执行完毕方式结案的目的。尤其在执行和解的案件中，法院往往过度主动介入和推动和解协议履行，而常常忽视申请执行人要求恢复执行的申请。二是只把已经实际执结的案件结案，无法实际执结的案件则宁愿长期搁置也不以终结本次执行的方式结案。三是把精力集中在可以完全执行到位的案件上，对仅能部分执行到位而无法实际执结的案件不管不顾。四是只立有可能实际执结的案件，将无法执行到位的案件直接挡在法院门外，或者干脆"先执后立"，不执行到位就不立案。这些做法不仅严重损害了权利人利益，也完全背离了基本解决执行难工作"四个基本"的目标任务。

四 用结案不合格率替代实际执结率

在人民法院执行工作中，"让人民群众在每一个司法案件中都感受到公平正义"，追求的目标就是《中共中央关于全面推进依法治国若干重大问题的决定》所提出的"切实解决执行难"，"依法保障胜诉当事人及时实现权益"。保障胜诉当事人及时实现权益的另一面，强制执行仅是路径之一，仍有道德制约、社会管理、诚信建设等诸多其他途径来促使败诉当事人及时履行义务。即使在进入强制执行程序的案件中，法院应做的也只是有财产的案件基本执行完毕、无财产可供执行案件依法终结本次执行程序，而不是无条件地一定要完全实现胜诉当事人的权益。

因此，执行工作考核的重点，应着眼于执行行为的质量效率，而不是执行案件的实际结果。只要执行案件质量效率符合法定要求，无论是否实际执结，都应当给予正面的肯定评价。建议用结案不合格率，辅以执行行为撤改率、消极执行查实率，替代实际执结率，作为当前评价执行工作优劣的核心指标。

（一）结案不合格率

结案不合格率[10]，考核的是已结执行实施案件中，结案不符合法定要求和特定标准的案件比例。该指标为评价执行工作的负向指标，结案不合格率越低，说明执行工作完成得越好。

从性质上看，执行案件结案不合格率与审判案件发改率具有价值判断上的同一性，因为审判案件的发改率评判的实际上就是审判案件的不合格率。从规范上看，最高人民法院先后出台的《关于执行案件立案、结案若干问题的意见》《关于严格规范终结本次执行程序的规定（试行）》，对执行实施案件各类结案方式结案条件的规定已经较为完备，使考察结案不合格率具备了统一的标准和规范。从技术上看，执行案件流程管理系统的全面应用，使案件选取、数据提取、卷宗调阅等检查工作，较以往大为简便，也使高频率、全覆盖的结案不合格率考核成为可能。

---

[10] 最高人民法院 2009 年 7 月 17 日印发的《关于进一步加强和规范执行工作的若干意见》（法发〔2009〕43 号）曾提出，科学设定"执行结案合格率"等指标，建立规范有效的考核评价机制。

实际执结率自身难以克服的三大弊端，对结案不合格率而言也都不复存在。从影响因素看，影响结案不合格率的因素单一，就是执行行为的合法性、规范性、及时性，在同一时期不同法院或执行人员之间、同一法院或执行人员的不同时期之间完全具备可比性。从价值导向看，结案不合格率是一个单向的负面评价指标，不会产生价值导向的冲突和混乱。从评价对象看，无论民事执行、刑事执行还是行政执行，无论是"执"字、"执恢"字还是"执保"字案件，都可以无差别地适用结案不合格率进行考核。

对结案不合格率的考核主要以上级法院对下级法院的已结执行案件进行检查的方式开展。相关数据项可直接从执行案件流程管理系统中提取，必要时可直接抽调纸质卷宗；由于执行案件数量庞大，可以采取定期、定量随机抽取的方式确定检查样本。

（二）执行行为撤改率

执行行为撤改率，考核裁定已生效的执行异议、复议、监督（对消极执行的监督除外）案件中，结果为撤销、变更执行行为或裁定异议成立案件的比例。该指标为评价执行工作的负向指标，执行行为撤改率越低，说明执行行为违法的比例越低，执行工作越好。考核的目的，仍为促进执行法院提高实施行为的合法性和正当性。结案不合格率与执行行为撤改率考核目标的差别仅在于，前者是对整个案件结案是否合格的考核，而后者是对具体某项执行行为是否合法的考核。

对执行行为撤改率考核的基础数据，可直接从执行案件流程管理系统中提取。因异议、复议、监督案件绝对数量目前尚不太多，也可通过抽调相关生效裁定书的方式考核。

(三) 消极执行查实率

消极执行查实率,考核的是已结执行监督(对消极执行的监督)案件中,因存在消极执行情形,结果为责令执行法院限期改正、提级执行、指定执行的案件,占受理执行案件总数的比例。该指标为评价执行工作的负向指标,消极执行查实率越低,说明执行工作主动性、规范性越强。消极执行查实率与结案不合格率、执行行为撤改率在考核目的上的差异在于,前者是对消极执行情况的考察,后者是对违法执行情况的考察。

上述考核指标,有利于促使执行人员形成"质量为先"的执行理念,在严格落实案件质量标准的过程中,悄然实现对有财产可供执行案件基本执行完毕、无财产可供执行案件终结本次执行严格把关的目标。

同时,与实际执结率在性质上类似的"执结率""执行标的到位率""裁判自动履行率""执行案件程序终结率""民事案件保全率"等,均不应再作为考核指标,而仅作为分析指标。即将上述指标作为对执行工作客观情况进行评估的依据,作为进行执行工作态势分析和规律研判的基础素材和分析工具,而不再作为对执行工作具有价值判断意义的考核依据。

结　语

"一代新桃换旧符"。实际执结率作为一项考核指标,业已完成了其历史使命。随着人民法院对执行工作认识的进一步深化,执行模式、机制、体制改革的重大突破,加上执行信息化建设的跨越式发展,以结案不合格率等指标作为执行工作核心考核指标的环境、条件和时机均已经成熟。更重要的是，站在基本解决执行难的角度，结案不合格率、执行行为撤改率、消极执行查实率等指标，与最高人民法院《关于落实"用两到三年时间基本解决执行难问题"的工作纲要》所确定的"四个基本"工作目标完全契合。它向社会传递着一种正确的价值导向，即案件能否执行到位、债权人权益能否完全实现，人民法院只能"尽力而为"；在办理执行案件中"应为尽为"，才是执行工作中人民法院真正的职责所在。

Abstract：The people's court has used the core assessment index of implementation work "actual rate of practice" for a long time, it did exist the inherent defects, such as the duality of the influencing factors, the multi-directional value-oriented, the difference of the object, etc. It can not really embody the basic solution of the implementation of the "four basic" goals, but also can not objectively reflect the advantages and disadvantages of the performance of the work, however, It is extremely easy to mislead the public and the court itself. The quality efficiency of the execution case, rather than the actual results of execution, should be the focus of a separate assessment of the implementation of work, with the substitution of the "closed rate", "the withdrawer rate of execution behavior", "the negative implementation of the verification rate" instead of the "actual rate of practice".

Key words：Execution；Assessment；Actual Rate of Practice

依法治国与法治评估理论研讨会综述（2016）

刘雁鹏[*]

中国社会科学院法学研究所主办、中国社会科学院国家法治指数研究中心承办的"依法治国与法治评估理论研讨会（2016）"2016年12月10日在京召开。来自京内外的学界同人、实务专家、媒体人士等就加强法治评估、推动法治评估的理论发展进行了深入研讨，会议议题涉及法治评估的方法以及立法评估、政府法治评估、司法评估等的实践。

会议除开幕式和闭幕式外，共四个单元，分别为：①实证研究、法治评估的理论探索；②实证研究、法治评估的方法创新；③法治政府建设与第三方评估；④科学立法、公正司法与第三方评估。

大会开幕式中，首先，主持人中国社会科学院法学研究所、国际法研究所联合党委书记陈甦研究员介绍了与会代表，并对大家的到来表示欢迎。随后陈甦书记邀请中国法学会副会长、党组成员兼学术委员会主任张文显教授，中国人民大学法学院资深教授朱景文，中国社会科学院学部委员、法学研究所所长李林研究员分别作开幕

---

[*] 刘雁鹏，法学博士，中国社会科学院法学研究所助理研究员。

致辞。

张文显教授指出,2017年要针对依法治国做好三方面的研究工作。首先,对依法治国进行系统梳理,在此基础上进一步推进法治理论的创新和发展。其次,对依法治国的经验进行系统总结,在总结的基础上把我们的经验上升为具有中国特色甚至具有世界意义的理论。最后,对历年依法治国的状况进行系统的评估,在评估的基础上找出问题、研究对策,为十九大谋划新一轮的依法治国决策部署提供一些实证的理论和实践结合的咨询报告和建议。因此本次以依法治国和法治评估为主题的会议意义重大,并预祝会议圆满召开。

朱景文教授分别从规范角度、价值角度和社会角度谈了法学评估的三种方法和思路,并谈了法治指标的解释力问题,通过指标得出的数据如何解释是一个值得深思熟虑的问题,如宁夏立法比上海多,并不能说明宁夏的法治比上海的法治要强。

李林所长认为评估过程中应当保持价值中立,运用科学的方法,准确把握数据,否则评估本身就很难做到客观真实。同时李林所长认为评估机构应当互相借鉴和学习,不能各安其事,得出相互矛盾甚至相反的结论,造成最后评估结果无法使用的局面。只有整合评估机构的资源,团结一致,中国的法治建设才会有进步,中国的法学研究才会更加繁荣。

第一单元 实证研究、法治评估的理论探索

本单元由最高人民法院应用法学研究所所长蒋惠岭高级法官和北京大学法学院教授湛中乐共同主持。

中国社会科学院法学研究所法治国情调研室主任吕艳滨研究员

首先作了"量化法治的方法"主题发言。他首先就过去所做的政府透明度评估作了简单的介绍，然后提出法治量化评估具有非常重要的理论和实践意义。第一，通过评估可以实现精细化评价，防止领导干部拍脑袋决定问题；第二，法治评估可以掌握话语权，通过法治评估向公众、社会以及国际宣示中国法治究竟发展到什么程度。法治评估过程中应当注意几点问题：第一，法治评估要具有创新性，法治评估是一种区别于书斋式学问的方法，应当顺应时代和社会的需求；第二，法治评估应当有自主性，不能因为受到他人委托便畏首畏尾，丧失公正独立的立场；第三，法治评估应当客观，评价政府、法院的工作时要尽可能用客观的方法；第四，评估应当关注公众需求，公众的需求是我们评估的方向；第五，评估应当突出重点，评估应当关注法治发展的重点、民生的重点、老百姓关注的重点。在评估具体操作上，吕艳滨研究员提出，虽然法治评估要求得出的结论是价值评价，即"好"与"坏"，但价值评价无法保障客观性，于是评估的重点放在了"有"或"无"上，按照法律法规规定的内容，所有应当公开的都公开了就是好的。

中国人民大学法学院副教授孟涛介绍了"国际法治评估的现状与理论"，孟涛副教授首先介绍了国际法治评估产生的背景，根据背景孟涛老师将国际法治评估分为附属的法治评估和独立的法治评估，并对国际上几种法治评估的产生时间、具体指标、评价主体等内容作了介绍。

中国社会科学院法学研究所张生研究员重点阐释了"人文发展指数与法治指数"，其中提出了"慢指数"和"快指数"这两个概念，根据张生老师的观点，"慢指数"相对稳定，"快指数"的变化较大，因此"慢指数"和"快指数"应当结合在一起。

西南政法大学孟庆涛副教授主讲的题目是"国家认同的法治重建",孟庆涛副教授首先介绍了中国从法律体系到法治体系的话语表达,然后重点阐释了法治图景中的国家意识,最后讲述了国家认同的法治实现。孟庆涛副教授认为,法治国家既是国家自我认同的法治愿景,也是凝聚社会共识、重塑国家认同的政治愿景。

法制日报社经济部主任万学忠老师阐述了"实证法学研究成果的社会传播",万学忠老师首先介绍了媒体选题的标准,他认为媒体选题与实证法学研究的选题高度一致,都是一方面具备公共属性,另一方面具备可行性,即通过努力可以解决问题。然后,万学忠老师介绍了如何通过媒体影响并改善地方法治建设,如何通过追踪报道和持续关注的方式扩大学术研究成果的影响力。

宁夏大学法学院院长任军和中国社会科学院法学研究所陈欣新研究员对上述发言进行了点评。任军教授认为,上述五个报告非常具有启示性,即说明了评估的方法,又介绍了国际上法治评估的情况,还对媒体如何扩大学术影响力作了深入浅出的剖析。陈欣新老师认为上述发言内容深刻、引人深思,从发言人的观点中可以引发进一步的讨论。

湛中乐教授作为主持人对五位发言人的情况也作了点评,他指出法治评估首先要保证中立性,其次要重视数据解读,相同的数据也可能会得出不同的结论,最后要发挥媒体跟进的作用。

第二单元 实证研究、法治评估的方法创新

本单元由浙江大学法学院钱弘道教授和贵州省社会科学院院长吴大华教授主持。

湖南大学法学院院长屈茂辉教授发言的主题是"法律实效评价的基本框架",屈茂辉教授主要讲解了法律文本与实效评估、立法目的评估、法律实效与其他诸因素的影响这三个问题。

中南财经政法大学张德淼教授发言的主题为"法治评估的实践反思与理论建构",张德淼教授首先通过哈耶克的进化理性对建构理性进行了批判,然后分析了当前法治评估的实践样态和其中存在的各类问题,最后张德淼教授提出了法治评估的制度思辨与实践转型。

人民网要闻部副主任杨成主讲的题目是"实证法学与大数据可视化的结合",杨成副主任对大数据可视化的内容作了相关介绍和思考,并认为通过媒体可以放大实证研究成果。

中南财经政法大学的博士生郭川阳讲解了"政府主导下的地方法治评估实践研究",郭博士的观点主要包括以下三个方面:第一是政府主导下的地方法治建设绩效考核模式的类型分析,第二是政府主导下的地方法治评估实施困境,第三是地方法治评估的完善路径。

钱弘道教授作为主持人对上述学者的论述作了简单回应,并提出未来法学发展方向不仅是量化法治,而且最终一定会朝着大数据法治的方向发展。

中国社会科学院社会学所副研究员赵联飞和浙江省社会科学院法学所副研究员唐明良对上述学者的观点进行了评价,赵联飞副研究员认为这四个报告内容全面,既有理论的又有实践的,上述选题涵盖了方法的方方面面。赵联飞副研究员从方法和理论问题、测量的问题、统计学的问题分析了法治评估,并分享了分析解读数据的经验。

浙江社会科学院法学所唐明良副研究员首先对四位发言人进行

了评价，然后对法治评估提出了两点看法：第一，方法创新应当立足于不同的评估类型；第二，指标的设计应当兼顾规范性和相关性的双线并重。

第三单元　法治政府建设与第三方评估

本单元由中南财经政法大学教授、湖北法治发展战略研究院院长徐汉明教授以及浙江省社会科学院副院长陈柳裕研究员主持。

北京市社会科学院法学研究所副研究员左袖阳首先作了题为"北京信访指数的构建与运用前景"的主题发言。他主要对评估思路、评估构建路径、评估指标选取、评估指标权重的确定作了详细的报告。最后左袖阳副研究员对信访指数未来的应用前景作了简单的预测。

浙江省社会科学院王崟屾副研究员作了题为"法治政府建设评估的浙江实践"的主题发言。他主要介绍了浙江在进行法治政府建设评估过程中的评估主体、指标设计、评估方法、评估模式等相关内容。

陕西省社会科学院助理研究员胡映雪针对"陕西2016政务公开第三方评估指标"进行了主题发言。她主要讲解了评估的理论依据、政策依据、指标设计、评估方法以及指标体系的不足。

陕西省社会科学院经济学研究所助理研究员屈晓东讲了他对法治评估的一些思考，他认为今后法治评估应当朝着评估队伍专业化、评估方法科学化、评估主体多元化的方向发展。

中国社会科学院法学研究所博士后张舜玺对"文物、博物馆事业法治评估"作了主题发言，她对文物评估指标设计应当考虑的内容、权重、效果进行了详尽分析,并认为文博行业信息公开的程度、业内规范性文件的制定运用可以纳入评估体系。

中国社会科学院法学研究所研究员李洪雷、中国政法大学副教授蔡乐渭、四川省社会科学院法学所郑鈜副研究员对上述发言进行了评价,李洪雷研究员认为法治评估的前提不是数据汇总,而是坚实的学术研究,在进行法治评估之前首先要将基础研究夯实,应当区分法治状况评估和法治工作评估,通过这种区分很多评估过程中的困惑自然迎刃而解。

蔡乐渭副教授认为,如何在评估中做到客观中立、如何更好地应用评估结果是我们值得进一步深入研究和探讨的问题。郑鈜副研究员分享了计算机领域大数据的应用和算法,提出在运用社科领域方法的同时,要借鉴计算机领域的大数据理论和实践经验。同时郑鈜副研究员还提出评估框架应当重视评价依据、评价程序、评价行为、评价指标。

中南财经政法大学的徐汉明教授作为主持人点评了上述发言,并对法治评估、中国法治建设提出了自己的看法。最后他对中国社会科学院法学研究所长期以来的工作表示了钦佩和赞赏。

第四单元 科学立法、公正司法与第三方评估

本单元由中央党校政法教研部主任卓泽渊教授主持,由暨南大学法学院教授刘文静、国家行政学院法学教研部教授李勇、河南省社会科学院法学研究所张林海副研究员负责点评。

河南省社会科学院法学研究所李宏伟副研究员针对"第三方参与立法评估的制度构建"发表了主题演讲,他认为第三方参与立法

评估具有重要意义，但在实践中会遇到参与性不足、缺乏监督、专业性存疑等方面的问题，针对这些问题李宏伟副研究员提出了相关建议。

中国社会科学院法学研究所副研究员王小梅作了"中国司法透明度报告（2015）"主题发言，王小梅副研究员首先介绍了司法透明度的评估方法、评估对象以及评估指标体系。王小梅副研究员分析了当前司法公开的不足与亮点，并提出了今后中国司法公开的发展方向。

河北社会科学院法学研究所所长王艳宁研究员作了"法治评估：构架法治理论与实践之间的桥梁"主题发言。她首先感谢中国社会科学院法学研究所长期以来对河北省社会科学院法学研究所的帮助与支持，然后介绍了近期河北省社会科学院法学研究所所做的法治评估方法、内容等。

中国社会科学院法学研究所副研究员栗燕杰作了"检务透明度实证研究的理论与实践"主题发言，他首先介绍了中国检务透明度测评的理论依据、测评内容、测评方法，并针对部分测评结果进行了实证分析，提出了今后提升检务透明度的努力方向。

中国社会科学院法学研究所助理研究员刘雁鹏作了"地方立法后评估指标的反思与重建"主题发言，他首先区分了立法预评估和立法后评估，并针对立法后评估的指标设计和评估方法进行了反思，提出了立法后评估重建的思路。

中国社会科学院法学研究所博士后研究人员胡昌明博士作了"中国法官职业满意度考察——以 2660 份问卷为样本的实证分析"主题发言。他通过问卷数据展现了当前法官的工作生态，得出了法官满意度偏低的结论，并对法官工作满意度偏低的原因进行了分析，最后提出了提高法官工作满意度的方案。

在点评阶段，暨南大学法学院教授刘文静老师对立法预评估、立法后评估谈了自己的实践经验，就其中如何保持评估中立性的问题发表了自己的看法。国家行政学院法学教研部李勇教授针对第三方评估的具体操作谈了自己的体会，认为实践评估中受到委托方的影响是正常现象，应当深入研究如何克服影响，保持评估的客观性和中立性。

卓泽渊教授就下午几组发言表达了他的看法，认为随着法治评估技术的发展和应用，法治评估将会在中国法治的未来发展中发挥更为重要的作用。

12月10日下午，在所有主题发言结束后，大会进行了简短的闭幕式，闭幕式由中国社会科学院法学研究所法治国情调研室吕艳滨主任主持，由上海交通大学凯原法学院沈国明教授和中国社会科学院国家法治指数研究中心主任田禾研究员致辞。

沈国明老师首先致辞，他认为，法治评估需要经常交流和沟通才能逐步完善，希望通过法治评估可以发现中国法治建设中的真正问题，提炼中国法治建设中的优秀经验。同时，沈国明老师还指出了实证主义和后实证主义的区别，提出今后法治评估将会受到大数据、云计算以及更新的技术的影响，应当对此予以高度重视。

田禾主任总结了会议的亮点，分享了以往做地方法治评估、政府透明度评估以及司法透明度评估的经验，回顾了历年法治评估过程中出现的各种困难和疑惑，对中国未来法治评估发展提出了几点看法。最后，田禾主任呼吁"依法治国与法治评估理论研讨会"每年召开一次，并创办《实证法学研究》鼓励实证法学理论和实践的发展。

【指标】

人民法院基本解决执行难第三方评估指标体系及说明

中国社会科学院法学研究所法治指数创新工程项目组*

序　言

2016年，最高人民法院周强院长在十二届全国人大四次会议上庄严宣布，"用两到三年时间基本解决执行难问题"。为了客观评估人民法院基本解决执行难工作的力度和成效，最高人民法院决定引入第三方评估机制，由中国社会科学院牵头，法学研究所承办，参与单位包括中国法学会、中华全国律师协会、中国人民大学诉讼制度及司法改革研究中心，以及《人民日报》、新华社、中央电视台等

---

* 项目组负责人：田禾，中国社会科学院国家法治指数研究中心主任，法学研究所研究员，法治指数创新工程项目组首席研究员；吕艳滨，中国社会科学院法学研究所研究员、法治国情调研室主任。课题组成员：王小梅、栗燕杰、胡昌明、徐斌、刘雁鹏、王祎茗、田纯才、王昱翰、赵千羚、刘迪、王洋。执笔人：王小梅，中国社会科学院法学研究所副研究员。

13家新闻媒体,并邀请15位知名学者作为特聘专家。具体评估工作由中国社会科学院国家法治指数研究中心、法学研究所法治指数创新工程项目组负责。

课题组在前期广泛调研的基础上,拟定了分别适用于最高人民法院、高级人民法院、中级人民法院和基层人民法院的四套基本解决执行难评估指标体系。为进一步完善指标体系,课题组先后展开了四次集中论证会,分别邀请学者、律师、法官和媒体对指标体系提出修改意见和建议。为了让社会更加全面、准确地认识和理解指标体系,现从指标体系的制定背景、设定原则、具体指标、数据来源及相关问题廓清等五个方面对指标体系作如下说明。

一 指标体系的制定背景

执行难问题长期存在,成为制约人民法院工作发展的瓶颈问题。自1999年以来,党中央和中央政法委高度重视执行工作,多次专门部署解决执行难问题,但因为社会诚信度不高、信用体系不健全、执行手段匮乏等,虽然取得了一定成效,但该问题始终未得到有效解决。

十八大以来,全面推进依法治国,国家信息化建设飞速发展,党的十八届四中全会明确提出要"切实解决执行难",依法保障胜诉当事人及时实现权益。人民法院在党委领导、人大监督、政府和社会各界支持下,紧紧围绕"让人民群众在每一个司法案件中感受到公平正义"的目标,以执行工作信息化建设为抓手,全面强化各项执行措施,创新执行模式,完善执行机制,执行工作取得了跨越式发展,探索出了破解执行难的有效路径,极大地增强了破解执行难的信心，人民群众、社会各界对解决执行难充满希望和期待。

为贯彻落实中央重大决策部署，切实回应人民群众重大关切，最高人民法院在十二届全国人大四次会议上提出，要在两到三年时间基本解决执行难问题，并出台了《关于落实"用两到三年时间基本解决执行难问题"的工作纲要》（以下简称《工作纲要》）。《工作纲要》对执行工作进行系统部署，明确了基本解决执行难的工作目标，即"四个基本"：①被执行人规避执行、抗拒执行和外界干预执行现象基本得到遏制；②人民法院消极执行、选择性执行、乱执行的情形基本消除；③无财产可供执行案件终结本次执行的程序标准和实质标准把握不严、恢复执行等相关配套机制应用不畅的问题基本解决；④有财产可供执行案件在法定期限内基本执行完毕。《工作纲要》还提出了基本解决执行难要实现执行模式改革、执行体制改革、执行管理改革、财产处置改革和完善执行工作机制、执行规范体系、执行监督体系和专项治理机制等八个方面的主要任务。

执行难能否得到基本解决，除了执行工作本身外，评估验收工作也是一个关键。鉴于过去执行工作业绩考核以执行结案率为主要考核指标，且存在数值虚高难以如实反映执行工作、有损司法公信力的问题，最高人民法院一方面加强执行工作管理，通过完善终结本次执行程序的认定管理等方式，进一步加强制度构建，促进执行工作数据的去伪存真；另一方面，希望引入第三方评估机构，设计系统理性的指标体系，客观、科学地对执行工作进行评价。

课题组认为《工作纲要》确定的四个工作目标和八项主要任务覆盖了执行工作的主要方面，是执行难能否基本解决的关键所在。为此，有必要针对这些内容，尤其是四个工作目标，结合评估工作的可操作性、可行性、科学性等要求，分别设置相应的评估指标。

例如，针对第一个工作目标，因涉及外部执法环境，难以实现结果量化考核，但可以对人民法院发布的拒执罪典型案例以及加大宣传、争取地方支持等在优化外部执法环境方面所作的努力进行间接评估；针对第二个目标，需要就财产调查、控制、评估、拍卖、款物发放等各个执行环节的时间期限设置评估指标，需要对执行行为的撤改、执行人员违法违纪和国家赔偿情况予以量化评估；针对第三个目标，需要对终结本次执行程序案件从认定、告知、裁定、事后管理等各个环节进行系统评估；针对第四个目标，需要设置实际执结率、个案的执行到位率、执限内结案率等评估指标。

二 指标体系设定的基本原则

"基本解决执行难"第三方评估指标体系的设计秉承依法设定、客观中立、突出重点、过程与结果并重几项基本原则。

（一）依法设定

"基本解决执行难"第三方评估指标体系严格依据法律法规、司法解释以及相关文件进行设定，包括《民事诉讼法》《最高人民法院关于落实"用两到三年时间基本解决执行难问题"的工作纲要》以及最高人民法院关于法院执行工作的司法解释、指导性文件等。

（二）客观中立

作为第三方评估，指标体系的设定秉持客观、中立的原则，既不能简单根据当事人和社会公众的主观满意度判断是否基本解决执行难，也不能迁就和迎合法院的执行工作现状。"基本解决执行难"

第三方评估指标体系在设定时，尽量将"好"与"坏"这样主观性、随意性极强的判断标准转化为客观且具备操作性的评估指标，着眼于法院工作人员在办理执行案件时是否"应为尽为"，执行的工作流程是否规范、透明。指标体系一旦确定，评估人员对评估事项仅可作"有"和"无"的判断，而不能凭主观判断"好"与"坏"，最大限度地压缩评估人员的自由裁量空间。

（三）突出重点

执行工作是一个非常细致、烦琐的工作，涉及的流程节点众多，指标体系的设定要全面反映法院的执行工作，但不可能涵盖和穷尽每一个细节，要突出重点，抓住影响执行效果的要害和关键环节。为此，"基本解决执行难"第三方评估指标体系的重点放在了法院查物找人、财产处分、案款发放、执行联动以及解决执行难的人、财、物的保障等，并对执行工作中问题最为集中的终结本次执行程序这一结案方式设计了详细严格的指标。

（四）过程与结果并重

"基本解决执行难"第三方评估指标体系的设定坚持过程与结果并重的原则，对执行过程和执行结果进行全面评估，真实反映法院的执行工作，凸显法院在执行工作中的义务和责任，通过规范执行行为、减少不作为，以加大执行力度、提升执行质效，最终实现"基本解决执行难"的目标。

三 指标体系的基本内容

各级法院在执行工作中的角色、地位不同，职能各有侧重，因此，课题组分别针对四级人民法院设定了四套"基本解决执行难"第三方评估指标体系：最高人民法院和高级人民法院的指标体系相似度较高，最高人民法院涵盖制度建设、执行联动、监督管理和执行保障四个一级指标，与最高人民法院相比，高级人民法院少了执行联动指标；中级人民法院和基层人民法院的指标体系类似，中级人民法院包括规范执行、阳光执行、执行质效、监督管理和执行保障五个一级指标；与中级人民法院相比，基层人民法院指标体系少了监督管理的指标。需要特别说明的是，海事法院在评估时适用基层人民法院的指标体系，原因在于作为专门法院的海事法院只有一个级别，因此不存在对下级法院的监督管理。

（一）最高人民法院及高级人民法院指标体系

由于最高人民法院和高级人民法院的指标体系较为相似，这里一并介绍。

1. 制度建设

最高人民法院的制度建设指标主要考察最高人民法院是否建立较为完善的执行制度体系，包括推动强制执行立法的情况、制定单行司法解释和指导性意见的情况以及建立指导性案例制度的情况。

对于高级人民法院而言，制度建设指标主要强调三个方面：一是对最高人民法院出台的制度进行落实或细化；二是对辖区内法院的执行工作制定管理文件；三是调研指导，包括解答疑难问题以及针对专项问题进行调查研究。

2. 执行联动（仅适用于最高人民法院）

执行联动应从顶层加以推动，包括网络执行查控系统和联合惩戒两个方面。网络执行查控系统指标主要评估最高人民法院"总对总"执行网络查控系统的完备度,主要包括联网查询的信息范围,如联网了多少金融机构,能否实现网上冻结和扣划银行存款。联合惩戒指标主要评估最高人民法院通过与相关部门协助实现对失信被执行人的惩戒,如与工商、金融、公安、交通等部门联网限制被执行人乘坐特定交通工具、限制住星级宾馆、限制出境、限制招投标、限制融资、限制购买商业保险等。联合惩戒还包括是否能够对被执行人的受益行为实行失信一票否决制。

虽然高级人民法院乃至中级人民法院也曾建立"点对点"执行网络查控系统,并且有的还在某些领域和方面取得了重大突破,然而未来执行联动的着力方向还应该从顶层加以推动,因此执行联动不再作为高级人民法院的指标,高级人民法院业已进行的执行联动创新可以作为典型案例在评估报告中予以呈现。

3. 监督管理

监督管理主要考察上级法院对下级法院的监督指导工作,包括监督案件、事项办理、信访申诉、督察等,其中,督察主要指对下级法院应用执行案件流程信息管理系统的情况、执行案款管理、终本案件管理、委托事项管理等情况、办理重点督办案件的情况进行督察以及开展执行工作约谈的情况。

4. 执行保障

最高人民法院的执行保障指标包括执行指挥中心和队伍建设两个方面。执行指挥中心重点考察远程指挥、决策分析、案件节点管理、终本案件管理、委托执行管理等功能以及24小时专人值班制度。廉政是社会关注的焦点问题,直接影响人民群众的获得感和司法权威。执行队伍的廉政建设主要是考察本院执行人员因为执行而受到党纪政纪处分情况和被追究刑事责任情况。

执行指挥系统的各项功能是由最高人民法院统一组织开发的，因此，对高级人民法院执行指挥中心的考核侧重于场所、设备、工作机制、工作人员、远程指挥、24小时专人值班等。高级人民法院的队伍建设涵盖人员配备、业务培训和廉政建设等，其中人员配备主要是督促下级法院落实最高人民法院提出的"在编执行人员占法院在编总人数的比例不应低于15%"的要求。高级人民法院的执行保障除了评估执行指挥中心和人员保障之外，还评估执行大格局、执行救助和执行宣传等指标。

（二）中级人民法院及基层人民法院指标体系

中级人民法院与基层人民法院均办理执行实施类案件，因此两者的指标体系相似，在规范执行、阳光执行、执行质效和执行保障四个一级指标上是重合的，不同之处在于中级人民法院比基层人民法院多了监督管理指标。

1. 规范执行

规范执行指标主要考察法院在办理执行案件过程中是否遵循了相应的执行程序。"规范执行"包括执行保全、财产申报、财产调查、财产控制、财产处分、执行款发放、终本结案、执行转破产以及系统录入等事项的规范性，其中对当事人告知事项虽然属于"规范执行"的内容，但是作为对当事人知情权的保障放在"阳光执行"指标中加以设定。

（1）财产保全

财产保全作为连接审判与执行的重要环节，最高人民法院出台了关于办理财产保全案件的司法解释。课题组围绕财产保全设计了财产保全保险担保机制、担保比例、保全申请与财产查控系统的衔接、保全裁定执行的及时性4个三级指标。

（2）财产申报

财产申报是《民事诉讼法》规定的被执行人的一项义务，实践中，被执行人往往拒不申报或者申报不实，为此，《民事诉讼法》第241条规定，人民法院可以根据情节轻重对拒绝报告或者虚假报告的被执行人予以罚款、拘留。为充分发挥被执行人财产申报制度的效能，课题组设计了法院是否依法发布申报令以及对拒不申报或申报不实的是否根据情节轻重进行过法律制裁2个三级指标。

（3）财产调查

财产调查主要考察法院通过执行查控系统启动财产查询的及时性，即对于需要查询财产的案件，执行人员在收到案件之日起多长时间内启动网络查询。实践中，有些地方法院在执行立案时便通过财产查控系统对被执行人的财产进行了查询，执行人员在收到执行案件的同时即拿到了财产查询结果，提高了执行效率。

（4）财产控制

对于查询到的财产，如果不及时查封、冻结、扣押，将可能发生财产转移的情况，因此，为了督促执行人员及时启动相应的执行措施，避免消极执行或拖延执行，课题组设定了及时查封、冻结、扣押财产的指标，除了某些金融机构实现查询冻结一体化之外，考察执行人员是否在合理的时间内对查询到的财产启动查封、冻结、扣押等执行措施。

（5）财产评估

财产评估是进行财产处置的一道前置程序。为了督促法院及时启动委托评估程序、及时向当事人发送评估报告，课题组设置了有关期限的标准，要求在合理期限内启动评估程序和发送评估报告。

(6) 财产拍卖

为了督促法院及时启动拍卖程序,优化拍卖机制,课题组在财产拍卖环节设计了拍卖及时性指标。对于符合拍卖条件的,法院应该在合理期限内启动拍卖程序。

(7) 案款发放

法院执行款发放工作比较混乱,最高人民法院启动专项整治行动,在全国推行一案一账号活动。课题组在执行款发放指标中设计了一案一账号和执行款发放的及时性2个指标,其中执行款发放及时性考察执行款是否在收取后一个月内进行发放,如不能及时发放的,应说明理由并经领导审批。

(8) 终本结案

终本指标包括终本结案的实质要件和程序要件。终本的实质要件涵盖最高人民法院关于严格规范终本的司法解释所列的全部要件,任何一个要件不符合即为零分。

另外,为进一步推动执行工作的规范性,课题组还设计了评估现场执行记录、执行转破产、执行系统节点录入情况的指标。

2. 阳光执行

阳光执行要求执行过程和结果的双重透明,就其公开对象而言,既包括对当事人的公开,也包括对社会公众的公开。阳光执行指标包括财产查控处分告知、执行流程公开、执行文书公开以及规范性文件公开等。

(1) 财产查处告知

财产查控、处分告知包括财产查控措施告知被执行人、财产处分信息告知被执行人2个指标,分别评估法院在对所查询的财产采取财产查控措施后,是否向被执行人送达查封、扣押等裁定书;法院在对查封、扣押、冻结的财产进行处分时，是否向被执行人送达扣划、拍卖、变卖、以物抵债等裁定书。

（2）执行流程公开

执行流程公开强调的是向当事人公开执行过程，该指标评估法院是否用短信等方式向当事人推送流程节点信息或提供网络密码查询。

（3）执行文书公开

执行文书公开指标主要评估法院是否通过中国裁判文书网向社会公开执行裁判文书和终结本次执行程序裁定书。

（4）规范性文件公开

执行规范性文件公开是指法院应在法院官方网站上公开人民法院关于执行的规范性文件。

3. 执行质效

执行质效指标是指能够客观反映执行质量和效果的数据。执行质效可以通过两方面的指标来反映，一些是正相关指标，如实际执结率、个案的执行到位率、执结期限内结案率、执行异议案件的结案率和网拍率；一些是负相关指标，包括执行行为撤改率和国家赔偿。实际执结率是指法院一定时期内执结的案件中执行完毕案件的比率。个案执行到位率是指法院每个执结案件的执行金额与申请执行金额的比例，如果大多数执结案件的执行到位率较为理想，那么说明该法院的执行案件整体质效良好。国家赔偿指标主要是考察因为执行案件引起的国家赔偿情况。

4. 执行保障

执行保障包括执行指挥中心、人员保障、机构保障、装备保障、执行救助、执行工作方案、争取地方支持、执行宣传等，其中，执行指挥中心指标与高级人民法院的指标一致。人员保障包括人员配置比例、轮岗制度、常派执行局的司法警力、业务培训以及廉政建设等,如执行人员占中级人民法院在编人员的比例不应低于15%,执行局法官员额的比例不得低于业务庭法官的比例。

5. 监督管理(不适用于基层人民法院)

监督管理主要是指中级人民法院对辖区法院执行工作的监督管理,体现在执行复议类、执行协调类、执行监督类、执行请示类案件的办理以及信访申诉和对下级法院应用执行案件流程信息管理系统的情况、清理执行案款、办理特殊主体为被执行人案件情况的管理监督等。

四 数据来源

"基本解决执行难"第三方评估主要是依据指标体系对评估对象进行量化评估,并辅助以问卷调查。指标体系强调指标的可量化,数据来源包括案卷评查、系统提取、网站观察和法院自报。

(一)案卷评查

案卷评查主要是指调取中级人民法院和基层人民法院一定时间段的执行案卷,对照指标要求,评查案卷中相应指标的满足情况。通过案卷评查获取数据的指标主要涉及规范执行类指标、阳光执行中对当事人的告知事项类指标等。为了确保评估的客观真实性,课题组将采取随机调取案卷的方法,进行评查和获取数据。

(二)系统提取

系统提取是指从法院的执行管理系统以及相关系统中提取相应

的节点信息和统计数据，有些信息可以直接提取，有些数据则需要二次加工处理。系统提取主要涉及规范执行类指标和执行质效指标，如启动查询、评估、拍卖、案款发放等节点信息以及实际执结率、个案的执行到位率、执限内结案率、执行异议案件的结案率、网拍率、执行行为撤改率、国家赔偿等。为了保障数据可获取和客观准确，课题组将建议法院围绕评估指标所需的数据研究进一步完善和优化法院内部的案件管理系统，确保能够通过案件管理系统直接提取评估所需的执行工作日常的办案数据和管理数据。

（三）网站观察

网站观察主要是打开评估对象的官方网站以及司法公开平台，对照指标体系，查看网站是否有相应的信息。网站观察主要适用于阳光执行指标，如执行法律文书公开、执行相关的规范性文件公开等。

（四）法院自报

虽然第三方评估是独立于评估对象的外部评估，但是有些数据的获取还必须依靠评估对象的自报。为了保证自报数据的客观性，课题组要求自报数据必须附有相应的证明材料，如评估对象在自报有某项制度或机制时必须附相应的文本，以便评估人员进行客观性和真实性筛选、甄别。

五 指标体系相关问题廓清

（一）主要适用于民事执行案件

目前执行难最主要集中在民事案件的执行难，并且行政非诉讼执行与民事案件的执行区别较大,不适合在同一个指标体系中评估,因此,基本解决执行难评估指标体系的评估范围集中在民事案件(含仲裁裁决执行案件、公证债权文书执行案件)。

(二) 以金钱给付类案件为重点

执行难问题不仅包括金钱给付类案件的执行难,还包括行为类和特定物给付类案件的执行难。执行案件大多集中在金钱给付类案件,行为类和特定物给付类案件所占比重很低,并且金钱给付类案件的流程涵盖执行的主要环节。因此,课题组在设计指标体系时是以金钱给付类案件为主,如财产查控、处置以及案款发放等指标主要是针对金钱给付类案件。至于行为类和特定物给付类案件,由于数量少,且较为复杂,因此不单独设定指标,但是查找被执行人以及对失信被执行人采取信用惩戒和制裁措施等指标可以适用于该类案件。

(三) 关注审判与执行的衔接

"基本解决执行难"第三方评估指标体系不能只评估法院的执行工作,还应该重视审判与执行的衔接,对审判中不利于执行的方面也应该设计指标加以评估。指标体系主要从财产保全、生效法律文书执行内容的明确性以及执行转破产三方面设计审判与执行的衔接指标。

(四) 设定"执行不能"标准

公众所感受的执行难一部分是被执行人逃避执行、拒不履行、抗拒执行或法院执行不力造成的,还有一部分是因为被执行人确无财产可供执行导致无法实现债权。对于无财产可供执行的案件,属于执行不能,并非法院通过加大执行力度所能解决的,因此"基本解决执行难"要区分有财产可供执行案件和无财产可供执行案件,但前提是要严格设定无财产可供执行案件的标准。

(五) 针对特定群体进行问卷调查

实证调查中的定量研究有两种主要路径,一是通过设定客观的指标体系对相关工作进行量化评估,二是选取一定的群体为样本进行问卷调查。"基本解决执行难"评估以客观的指标体系为依托,侧重对法院执行工作的客观情况进行量化评估。与指标体系相匹配,课题组专门针对当事人和律师设计两套问卷,因为执行效果的好坏,最有发言权的是当事人和律师。和审判案件很难取得原被告双方的满意一样,执行案件的对抗性更强,申请执行人和被执行人不可能对执行结果都满意,因此,调查问卷所涉及的主观满意度调查较为审慎,主要调查当事人对具体执行行为而非笼统的满意度。相对于指标体系而言,问卷调查所获取的数据将是辅助性的。

(六) 兼顾协助单位的配合度

执行难是一项综合性的社会难题,"基本解决执行难"除了依靠提高法院执行能力和执行规范化水平之外,还有赖于建立与协助义务单位的联动机制,构建社会诚信体系。考虑到指标体系是受最高人民法院委托,对全国法院的执行工作进行评估,因此评估对象不宜扩大到其他单位。但是作为第三方评估机构,课题组拟在本项评估工作之外,专项调查和评价各类协助义务单位对执行工作的配合程度、现行协作机制运行情况和存在的问题,并就如何完善执行联动机制提出对策建议。

结 语

基本解决执行难评估以最高人民法院、31家高级人民法院、部分中级及基层人民法院为评估对象，其中中级及基层人民法院按照一定的比例和原则抽取。在按照指标体系对评估对象的执行工作进行评估后，结合问卷调查，运用社会学的研究方法，通过建模的方式，计算出省域和全国层面基本解决执行难的指数。为了保证评估工作的连贯性和可持续性，指标体系保持一定的稳定性，但是这种稳定是相对的，为了适应执行工作的动态发展，指标体系将随着执行工作实践的推进和理论制度的完善而不断调整、优化。

附："基本解决执行难"第三方评估指标体系

一 最高人民法院

1. 制度建设（20%）

二级指标	三级指标
推动强制执行立法（20%）	专门的起草力量（30%）
	开展立法调研（30%）
	立法建议稿（40%）
单行司法解释、指导性意见（60%）	财产保全（10%）
	财产申报和财产调查（10%）
	变更追加执行主体（10%）
	财产处置（10%）
	案款管理（5%）

续表

二级指标	三级指标
单行司法解释、指导性意见（60%）	终本案件管理（10%）
	公证债权文书执行（5%）
	参与分配（5%）
	委托执行（5%）
	执行强制措施（20%）
	执行公开（10%）
指导案例制度（20%）	执行指导案例库（50%）
	发布指导性案例（50%）

2. 执行联动（40%）

二级指标	三级指标
"总对总"执行网络查控系统（50%）	银行（20%）
	不动产（10%）
	车辆（10%）
	工商（10%）
	商业保险（5%）
	互联网金融（4%）
	身份证信息（5%）
	出入境证照信息（5%）
	统一社会信用代码信息（5%）
	婚姻登记信息（4%）
	证券（10%）
	银联卡（4%）
	渔船（4%）
	船舶（4%）

续表

二级指标	三级指标
联合惩戒体系（50%）	限制乘坐交通工具（20%）
	限制出境（10%）
	限制招投标（10%）
	限制银行贷款（10%）
	受益行为限制（10%）
	公职限制（10%）
	担任党代表、人大代表、政协委员限制（10%）
	担任企业高管限制（5%）
	政府投资项目或主要使用财政性资金项目限制（5%）
	设立金融类公司限制（5%）
	发行上市或挂牌转让的限制（5%）

3. 监督管理（20%）

二级指标	三级指标
案件办理（50%）	执行复议类（30%）
	执行协调类（20%）
	执行监督类（30%）
	执行请示类（20%）

续表

二级指标	三级指标
信访申诉（20%）	挂网督办
管理督察（30%）	督察下级法院应用执行案件流程信息管理系统的情况（25%）
	督察下级法院执行案款清理和管理情况（25%）
	督察下级法院办理重点督办案件、事项的情况（25%）
	开展执行工作约谈（25%）

4. 执行保障（20%）

二级指标	三级指标
执行指挥中心（60%）	案件节点管理（20%）
	终本案件管理（20%）
	委托执行管理（10%）
	决策分析（20%）
	远程指挥（20%）
	执行指挥中心专人值班（10%）
队伍建设（40%）	执行业务培训（50%）
	廉政建设（50%）

二　高级人民法院

1. 制度建设（30%）

二级指标	三级指标
制度落实与细化（30%）	对最高人民法院出台的制度进行落实或细化
执行管理制度建设（30%）	对辖区内法院的执行工作进行管理的相关制度
调研指导（40%）	解答疑难问题（50%）
	专项问题的调查研究（50%）

2. 执行监督（30%）

二级指标	三级指标
案件办理（50%）	执行复议类（40%）
	执行协调类（10%）
	执行监督类（40%）
	执行请示类（10%）
信访申诉（20%）	
管理督察（30%）	督察下级法院应用执行案件流程信息管理系统的情况（30%）
	督察下级法院执行案款清理和管理情况（30%）
	督察下级法院办理督办案件、事项情况及特殊主体为被执行人的案件的情况（40%）

3. 执行保障（40%）

二级指标	三级指标
执行指挥中心（30%）	场所（20%）
	设备（20%）
	工作机制（20%）
	工作人员（20%）
	远程指挥（10%）
	执行指挥中心专人值班（10%）
队伍建设（30%）	执行法官的比例（20%）
	明确中基层法院执行人员的比例（20%）
	出台文件督促下级法院落实比例（20%）
	执行业务培训（20%）
	廉政建设（20%）
执行大格局（10%）	争取由当地党委、人大、政府出台支持解决执行难的专门文件或建立执行大格局机制
执行救助（10%）	建立专项司法救助资金
执行宣传（20%）	执行工作宣传（50%）
	定期发布拒执罪典型案例（50%）

三 中级人民法院

1. 规范执行（30%）

二级指标	三级指标
财产保全（10%）	财产保全保险担保机制（25%）
	担保比例（25%）
	保全申请与财产查控系统的衔接（25%）
	保全执行及时性：保全裁定应在5日内启动实施（25%）
财产申报（10%）	依法发出报告财产令（50%）
	对于拒不申报或申报不实的，视情节轻重进行法律制裁（罚款/拘留/启动责任追究程序）（50%）
财产调查（10%）	网络查询及时性：需要查询财产的，执行人员收到案件之日起5个工作日内启动查询的，得100分；5个工作日至10个工作日启动的，得80分；10个工作日至22个工作日启动的，得60分；超过22个工作日未启动的，得0分
财产控制（查冻扣）（10%）	对于查到的财产，需要并能够通过网络执行查控系统实施控制措施的，须在48小时内采取措施；需要线下控制的，须在10个工作日内采取控制措施（需异地控制的除外）

续表

二级指标	三级指标
评估（5%）	评估启动的时间（50%）：需要评估的，30个工作日内启动评估拍卖程序
	及时发送评估报告（50%）：收到评估报告之日起，5个工作日内发送当事人
财产拍卖（5%）	合理时间内启动拍卖：需要拍卖的，30个工作日内启动拍卖程序的
执行款发放（10%）	新收案件一案一账号（40%）
	执行款发放的及时性（60%）：具备发放条件之日起一个月内发放，不能及时发放的，说明理由并经领导审批
终本案件（10%）	是否符合终本的实质要件（50%）：按照《最高人民法院关于严格规范终结本次执行程序的规定（试行）》规定的条件进行检查
	是否符合终本的程序要求（50%）：是否将相关情况告知了申请执行人并听取其意见，是否制作了终结本次执行程序裁定书并上网
现场执行记录（10%）	执法记录仪使用情况：进行强制腾空、搜查等执行行动时是否使用执法记录仪
执行转破产（10%）	是否征求意见（50%）
	是否移送（50%）
执行案件节点管理系统（10%）	执行案件是否纳入案件节点管理系统（50%）
	主要节点录入系统的准确性（50%）

2. 阳光执行（10%）

二级指标	三级指标
财产控制、处分告知（30%）	财产扣押措施告知被执行人（50%）
	财产处分信息告知被执行人（50%）
执行案件流程信息公开（30%）	执行主要流程节点告知当事人
执行文书公开（30%）	执行裁判文书（50%）
	终结本次执行程序裁定书（50%）
执行规范性文件公开（10%）	法院关于执行的规范性文件

3. 执行质效（20%）

二级指标	三级指标
实际执结率（30%）	执行完毕的案件数/执行结案数
个案的执行到位率（20%）	个案的执行到位金额/个案的申请执行标的额
执限内结案率（10%）	执行期限内结案数/执行结案数
执行异议案件的结案率（10%）	执行异议案件的结案数/收案数
网拍率（10%）	网络拍卖案件数/拍卖案件数
执行行为撤改率（10%）	执行行为被撤改数量/执行案件数
国家赔偿（10%）	国家赔偿案件数量

4. 监督管理（20%）

二级指标	三级指标
案件办理（60%）	执行复议类（40%）
	执行协调类（10%）
	执行监督类（40%）
	执行请示类（10%）
信访申诉（20%）	定期通报
管理（20%）	督察下级法院应用执行案件流程信息管理系统的情况（30%）
	督察下级法院清理执行案款（30%）
	督察下级法院办理特殊主体为被执行人的案件的情况（40%）

5. 执行保障（20%）

二级指标	三级指标
执行指挥中心（20%）	场所（20%）
	设备（20%）
	工作机制（20%）

续表

二级指标	三级指标
执行指挥中心（20%）	工作人员（20%）
	远程指挥（10%）
	执行指挥中心值班制度（10%）
队伍建设（40%）	执行人员比例（20%）：在编执行人员占法院在编总人数的比例不应低于15%
	执行法官员额（20%）：执行局（包括执行裁判庭）法官员额的比例不得低于审判庭法官的平均比例
	结构优化：年龄结构（20%）
	轮岗制度（10%）
	警务保障（10%）
	廉政建设（20%）
执行机构（5%）	裁执分离：执行实施权与执行裁决权分别由不同机构行使
执行救助（5%）	专项司法救助资金
执行工作方案（10%）	出台解决执行难的工作方案或实施细则
争取地方支持（10%）	争取由当地党委、人大、政府出台支持解决执行难的专门文件
执行宣传（10%）	借助媒体宣传执行工作（50%）
	定期发布拒执罪典型案例（50%）

四　基层人民法院

1. 规范执行（35%）

二级指标	三级指标
财产保全（10%）	财产保全保险担保机制（25%）
	担保比例（25%）
	保全申请与财产查控系统的衔接（25%）
	保全执行及时性：保全裁定应在5日内启动执行（25%）
财产申报（10%）	依法发送报告财产令（50%）
	对拒不申报或申报不实的，视情节轻重进行法律制裁（50%）
财产调查（10%）	网络查询及时性：需要查询财产的，执行人员收到案件之日起5个工作日内启动查询的，得100分；5个工作日至10个工作日启动的，得80分；10个工作日至22个工作日启动的，得60分；超过22个工作日未启动的，得0分
财产控制（查冻扣）（10%）	对于查到的财产，需要并能够通过网络执行查控系统实施控制措施的，须在48小时内采取措施；需要线下控制的，须在10个工作日内采取控制措施（需异地控制的除外）

续表

二级指标	三级指标
评估（5%）	评估启动的时间（50%）：需要评估的，30个工作日内启动评估拍卖程序
	及时发送评估报告（50%）：收到评估报告之日起，5个工作日内发送当事人
财产拍卖（5%）	合理时间内启动拍卖：需要拍卖的，30个工作日内启动拍卖程序的
执行款发放（10%）	新收案件一案一账号（40%）
	执行款发放的及时性（60%）：具备发放条件之日起一个月内发放，不能及时发放的，说明理由并经领导审批
终本案件（10%）	是否符合终本的实质要件（50%）：按照《最高人民法院关于严格规范终结本次执行程序的规定（试行）》规定的条件进行检查
	是否符合终本的程序要求（50%）：一是是否将相关情况告知了申请执行人并听取其意见，二是是否制作了终结本次执行程序裁定书并上网
现场执行记录（10%）	执法记录仪使用情况：进行强制腾空、搜查等执行行动时是否使用执法记录仪
执行转破产（10%）	是否征求意见（50%）
	是否移送（50%）
执行案件节点管理系统（10%）	执行案件是否均纳入案件节点管理系统（50%）
	主要节点录入系统的准确性（50%）

2. 阳光执行（10%）

二级指标	三级指标
财产控制、处分告知（30%）	财产控制措施告知被执行人（50%）
	财产处分信息告知被执行人（50%）
执行案件流程信息公开（30%）	执行主要流程节点告知当事人
执行文书公开（30%）	执行裁判文书（50%）
	终结本次执行程序裁定书（50%）
执行规范性文件公开（10%）	法院关于执行的规范性文件

3. 执行质效（30%）

二级指标	三级指标
实际执结率（30%）	执行完毕的案件数/执行结案数
个案的执行到位率（20%）	个案的执行到位金额/个案的申请执行标的额
执行期限内结案率（10%）	执行期限内结案数/执行结案数
执行异议案件的结案率（10%）	执行异议案件的结案数/收案数
网拍率（10%）	网络拍卖案件数/拍卖案件数
执行行为撤改率（10%）	执行行为被撤改数量/执行案件数
国家赔偿（10%）	国家赔偿案件数量

4. 执行保障（25%）

二级指标	三级指标
执行指挥中心（20%）	场所（20%）
	设备（20%）
	工作机制（20%）
	工作人员（20%）
	远程指挥（10%）
	执行指挥中心值班制度（10%）
队伍建设（40%）	执行人员比例（20%）：在编执行人员占法院在编总人数的比例不应低于15%
	执行法官员额（20%）：执行局法官员额的比例不得低于业务庭法官的比例
	结构优化：年龄结构（20%）
	轮岗制度（10%）
	警务保障（10%）
	廉政建设（20%）
执行机构（5%）	审执分离：执行实施权与执行裁决权分别由不同机构行使
执行救助（5%）	专项司法救助资金
执行工作方案（10%）	出台解决执行难的工作方案或实施细则
争取地方支持（10%）	争取由当地党委、人大、政府出台支持解决执行难的专门文件
执行宣传（10%）	借助媒体宣传执行工作（50%）
	定期发布拒执罪典型案例（50%）

【附录】

稿件规范与注释体例

1. 稿件应确保原创性和首发性。所投稿件及其主体内容不得在其他报刊、网络上发表。请注意学术规范，非原创观点必须按照规范标注来源。鉴于出版社要对稿件进行学术原创性和学术不端行为检测，作者在交稿之前务必进行自查。稿件无法通过检测的，恕一律无法采用。

2. 所有稿件需提供中文摘要及关键词，中文摘要不超过200字，关键词3~5个。摘要仅对文稿主旨、主要观点进行概括，杜绝长篇大论和照搬文稿序言部分的情况。

3. 标题由撰稿人围绕主题自行拟定，可加副标题。

4. 标题下不设节，文稿一般按"一、""（一）""1.""（1）"的序号设置层次，其中"1."以下（不包括"1."）层次标题不单占行；文稿层次较少时，略去（一）的层级；段内分项的，用①、②、③、④……表示。具体为：

"一、××××

(一) ××××

1. ××××

(1) ××××

(2) ××××

①××××××××；②××××××××。"

5. 图和表应分别连续编号，如"图 1"、"表 1"，图题排在图稿下方，表题排在表格上方，图表应与行文叙述照应，即在行文中要先出现抬注（见图 1、表 1）字样后，才能接着出现图表，不得使用"见下图""见下表"等表述。

6. 注释采用每篇连续脚注（用①而不用 1），引文规范应为：

(1) 著作类：[国籍] 著者：《书名》，译者，出版者，出版时间，页码。

(2) 杂志类：作者：《论文名》，《期刊名》××××年第×期。

(3) 报纸类：作者：《文章名》，《报纸名》××××年×月×日。

(4) 英文注释中杂志名与书名用斜体，文章名用引号。

7. 注释以必要为宜，主要限于权威著作、学术来源、数据来源，尽可能避免说明性注释和花边式注释；注释应以引用报刊、书籍为主，尽可能避免引用网络链接。

8. 数字 10 以上的一律用阿拉伯数字，但中国古代典籍、年号中的数字，保留汉字习惯；10 以下的一般用汉字；法条的条款项一律用阿拉伯数字。数字之间连接一律用波浪线；超过 3 位数的数字间一律不加逗号分隔，如 10000；20 世纪以前年代用 20 世纪 90 年代、20 世纪 80 年代来表示，必须做到全文统一。

9. 确保文中引用的法规名称及颁布部门、时间、文号的准确性，凡标题为《中华人民共和国……》的法规文件，一律省略"中华人民共和国",不得使用法规简称,如不能将《刑事诉讼法》省略为"刑诉法"。

10. 文中使用的国务院机构名称一律使用规范的简称,参见国务院办公厅秘书局核定的《国务院机构简称》。

11. 文稿应尽量避免口语化、报刊语言,如"解放前、后""建国后""文革",应准确地表述为"1949年以前、以后""中华人民共和国成立后""文化大革命";要注意少用第一人称,如"我国""我党"应表述为"中国""中国共产党";简化语尽量少用,若用,应在第一次出现时加注说明。

《实证法学研究》 约稿函

改革开放以来，中国法学研究和法治建设取得了举世瞩目的成就。党的十八届三中全会提出"建设科学的法治建设指标体系和考评标准"，党的十八届四中全会吹响了全面推进依法治国的新号角，《中共中央关于全面推进依法治国若干重大问题的决定》明确提出，重要立法事项引入第三方评估，将风险评估、合法性审查确定为重大行政决策的必经程序。近年来，我国法学研究人员和法律工作者积极投身法治中国建设，形成了一系列重要理论和实证研究成果，对推动我国法治进步作出了重要贡献。

法学研究应当以推动社会发展进步为己任。为加强实证法治研究，凝聚学界共识，推动实证法学研究的理论发展，团结学界同仁更好地参与法治建设实践，中国社会科学院法学研究所即将创刊出版《实证法学研究》，以期形成中国实证法学研究的综合性、权威性、创新性平台，打造中国实证法学的权威理论园地。

《实证法学研究》由"法治蓝皮书"团队编辑。中国社会科学院法学研究所长期关注我国法治实践，已连续15年编辑出版"法治蓝皮书""地方法治蓝皮书"等学术成果，并开展了政务公开、司法公开、基本解决执行难等第三方评估工作，见证中国法治进程。

《实证法学研究》向各位专家学者诚约稿件。用稿范围包括但不限于法学研究方法、专题研究报告、法治评估报告、学术理论争鸣等。

投稿邮箱：szfxyj@126.com.

中国社会科学院国家法治指数研究中心

《实证法学研究》编辑部

【编者手记】

　　一本特立独行的刊物，才有它存在的必要和价值，《实证法学研究》希望成为这样一本刊物。《实证法学研究》日前诞生，以后它将定期与大家见面。

　　实证法学研究早已风靡全球，而在中国它还在踽踽独行。中国有一大批从事实证法学研究的学者和专家，受制于传统法学研究的范式，基本处于被边缘化的境地，对于很多学者而言，心有块垒欲吐为快，建设一个能表达对中国具体问题的关切、交流各自的发现和想法的阵地很有必要。

　　《实证法学研究》是我们讨论了很长时间才决定创刊的一本刊物，我们将向老大哥，法学研究所的《法学研究》和《环球法律评论》学习，它为我们树立了标杆，同时决定尝试走自己的道路，希望与大家同行、互补。

　　《实证法学研究》将是从事实证法学研究的一个平台，我们欢迎学者、实务专家能够百花齐放、畅所欲言，但并不排斥理论研究和国外的经验理论。我们的主张是"争鸣、独立、宽容"，只要是言之有物、言之成理的好文章，都将是我们希望的好文章。对法治中国的一点一滴、法治中国的一招一式，都将是《实证法学研究》的研究对象，不敢有所遗漏。

　　"争鸣"是《实证法学研究》的最重要栏目，每期我们都将选择有分歧的重大题目来讨论，期望形成一种新的风气，让人们坐下来平心静气地进行讨论，即既改变学术界互相吹捧的现状，也改变相互谩骂的局面。我们反对左右之分，反对落后与先进之说，对于

[编者手记]

任何合法观点，我们均将给予同等讲述的机会。本刊可以探讨法治理论、研究法治制度、讨论司法制度、评论各种政策。任何人如不同意本刊所发表的观点，我们都乐于刊载他的反对意见。

《实证法学研究》的面世恰逢中国共产党第十九次全国代表大会召开，是新一代领导班子执政五年之际。五年来，中国在法治建设方面提出了一项又一项措施，踏出了一步又一步的脚印，虽有遗憾，但整体在推进、在发展，足以让人感到欣慰。《实证法学研究》希望让大家品味法治中国的发展变化，研究法治中国的现实问题，这是《实证法学研究》创刊的主要视角。

法治是人民的选择，也是人民的实践，对于法治建设的好坏，人民最有发言权。《实证法学研究》将与人民一道，共同推动中国的法治进程，见证中国的法治发展。

《实证法学研究》编辑部
二〇一七年十月

图书在版编目(CIP)数据

实证法学研究.第一期/田禾,吕艳滨主编.--北京:社会科学文献出版社,2017.10
 ISBN 978-7-5201-1650-3

Ⅰ.①实… Ⅱ.①田… ②吕… Ⅲ.①法学-研究 Ⅳ.①D90

中国版本图书馆CIP数据核字(2017)第256641号

实证法学研究(第一期)

主　　编 / 田　禾　吕艳滨

出 版 人 / 谢寿光
项目统筹 / 王　绯
责任编辑 / 曹长香

出　　版 / 社会科学文献出版社·社会政法分社 (010) 59367156
　　　　　　地址：北京市北三环中路甲29号院华龙大厦　邮编：100029
　　　　　　网址：www.ssap.com.cn
发　　行 / 市场营销中心 (010) 59367081　59367018
印　　装 / 北京季蜂印刷有限公司

规　　格 / 开　本：787mm×1092mm　1/16
　　　　　　印　张：14.75　字　数：178千字
版　　次 / 2017年10月第1版　2017年10月第1次印刷
书　　号 / ISBN 978-7-5201-1650-3
定　　价 / 59.00元

本书如有印装质量问题,请与读者服务中心 (010-59367028) 联系

▲ 版权所有 翻印必究